CB122899

As Sociedades de Notação de Risco e o Crime de Manipulação do Mercado

As Sociedades de Notação de Risco e o Crime de Manipulação do Mercado

Duarte Contreiras Roseiro

2019

ALMEDINA

FACULDADE DE DIREITO UNIVERSIDADE NOVA DE LISBOA

CEDIS CENTRO DE I&D SOBRE DIREITO E SOCIEDADE

FCT Fundação para a Ciência e a Tecnologia

AS SOCIEDADES DE NOTAÇÃO DE RISCO E O CRIME DE MANIPULAÇÃO DO MERCADO

AUTOR
Duarte Contreiras Roseiro

EDITOR
EDIÇÕES ALMEDINA, S.A.
Rua Fernandes Tomás, nºs 76, 78 e 79
3000-167 Coimbra
Tel.: 239 851 904 · Fax: 239 851 901
www.almedina.net · editora@almedina.net

DESIGN DE CAPA
FBA

PAGINAÇÃO
Aresta Criativa – Artes Gráficas

IMPRESSÃO E ACABAMENTO
DPS - DIGITAL PRINTING SERVICES, LDA
Novembro, 2019
DEPÓSITO LEGAL
464026/19

ALMEDINA | GRUPOALMEDINA

BIBLIOTECA NACIONAL DE PORTUGAL – CATALOGAÇÃO NA PUBLICAÇÃO
ROSEIRO, Duarte Contreiras

As sociedades de notação de risco e o crime
de manipulação do mercado. – (Criminália)
ISBN 978-972-40-8196-0

CDU 343

À memória da minha Mãe
À memória do meu Avô

Ao meu Pai e à minha Irmã
À minha família
Ao Emanuel e aos meus amigos.

We rate every deal.
It could be structured by cows and we would rate it.

Analista da *S&P*, no âmbito das investigações da *SEC* em 2008

ÍNDICE GERAL

APRESENTAÇÃO
Teresa Pizarro Beleza e Frederico de Lacerda da Costa Pinto 11
NOTA PRÉVIA 15
AGRADECIMENTOS 17
RESUMO 19
ABSTRACT 20
LISTA DE ABREVIATURAS 21
MODO DE CITAR E OUTRAS CONVENÇÕES 25

INTRODUÇÃO 27

CAPÍTULO I: AS SOCIEDADES DE NOTAÇÃO DE RISCO 31
1. A caracterização das sociedades de notação de risco e do processo de atribuição de notação 31
2. O enquadramento normativo da atividade de notação de risco 38
3. Os problemas em torno da atividade de notação de risco 44
   3.1. O papel das sociedades de notação de risco na crise financeira 44
   3.2. Os conflitos de interesse 48
   3.3. A transparência e a qualidade no processo de notação 57
   3.4. A dependência regulatória das notações 60
   3.5. A responsabilidade civil 64

CAPÍTULO II: O CRIME DE MANIPULAÇÃO DO MERCADO E AS SOCIEDADES DE NOTAÇÃO DE RISCO 67
1. Delimitação do problema 67
2. A manipulação ruidosa do mercado: estrutura típica e bem jurídico tutelado 68
   2.1. Quanto ao autor 70

2.2. O caráter falso, incompleto, exagerado ou tendencioso da informação 71
2.3. O crime omissivo 75
2.4. O requisito da idoneidade da conduta para alterar artificialmente o regular funcionamento do mercado 77
2.5. O elemento subjetivo do tipo 83
2.6. A punibilidade da tentativa 84
2.7. O bem jurídico protegido pelo crime de manipulação do mercado 84
3. A divulgação de informação enquanto elemento do tipo – os elementos informativos subjacentes ao parecer 87
3.1. Conceito de divulgação – a divulgação enquanto ato de comunicação isolado ou contínuo 87
3.2. O conceito de informação 93
4. Casuística exemplificativa de possível realização típica 103
4.1. A não divulgação do conflito de interesses e a informação incompleta ou falsa 103
4.2. A notação de risco não solicitada e a informação incompleta 105
4.3. A metodologia da notação de risco e a informação exagerada ou tendenciosa 106
4.4. A sentença do Tribunal de Trani de 30 de março de 2017 108
5. Autoria e participação no âmbito da sociedade de notação de risco 109
5.1. A responsabilidade dos analistas que compõem o comité de notação de risco 113
5.1.1. A responsabilidade do analista que vote contra 118
5.2. A responsabilidade do analista principal 126
5.3. A responsabilidade do emitente objeto da notação 130
5.4. A responsabilidade de outros sujeitos no âmbito da sociedade de notação de risco – os membros dos órgãos do conselho de administração e supervisão em especial 131
5.5. Proposta *de jure condendo* da criação de tipos omissivos próprios 139

CONCLUSÃO 141
ÍNDICE LEGISLATIVO 145
BIBLIOGRAFIA 151

APRESENTAÇÃO

As agências de notação de risco ganharam um protagonismo extraordinário, em especial na última década, pela conjugação do período de crise económica e financeira com a relevância dos seus *ratings*, em relação não só a empresas, como também a Estados soberanos. Com essa actividade, as referidas agências determinaram tendências de mercado e, em alguns casos, a própria viabilidade ou o insucesso de muitos agentes, económicos e políticos, criando não raras vezes dificuldades acrescidas às entidades avaliadas.

É difícil encontrar em anos recentes informação económico-financeira mais influente do que os *ratings* das agências de notação de risco, com efeitos notórios sobre o funcionamento dos mercados, o comportamento dos activos, as decisões dos investidores e até o ambiente psico-social dos países e dos agentes económicos, as operações de colocação de dívida e de obtenção de financiamento ou sobre as próprias opções do poder político e a sua capacidade de afirmação. Contudo, este é exactamente um dos pontos mais discutíveis quanto à natureza e efeitos dos *ratings* das agências de notação de risco: será que podem ser classificados como «informação», designadamente para efeito dos regimes legais que estabelecem a disciplina informativa nos mercados financeiros? Ou, diversamente, estaremos apenas perante opiniões técnicas especializadas, por isso mesmo subtraídas a esses regimes?

A questão é controversa e tem evidente relevância prática, designadamente ao nível da responsabilidade criminal, da responsabilidade contraordenacional e da responsabilidade civil. Desde logo porque uma resposta negativa a este problema do carácter informacional dos *ratings* implicaria a exclusão destes elementos do âmbito da tipicidade do crime de manipulação do mercado. A esta interrogação Duarte Contreiras Roseiro, o Autor deste estudo, oferece uma resposta clara e bem fundamentada, identificando nas notações de risco uma componente de opinião e uma componente informativa, sendo esta reportada aos fundamentos da opinião divulgada e, como tal, passível de ser controlada pelos crivos de falsidade, incompletude, exagero ou natureza tendenciosa, idóneos a influenciar artificialmente e de forma ilegítima o funcionamento do mercado de valores mobiliários.

Com esta conclusão resolve-se uma parte do problema que, de forma simples, consiste em saber se a divulgação de uma notação de risco pode ou não ser enquadrada na previsão típica da manipulação do mercado. A resposta afirmativa que o Autor oferece a esta questão suscita, contudo, uma outra dúvida: quem é que pode ser criminalmente responsabilizado por essa divulgação?

Para responder a esta questão decisiva, que é a da possibilidade da imputação do ilícito típico, Duarte Contreiras Roseiro analisa o processo complexo de formação, aprovação e divulgação dos *ratings*, designadamente as condutas dos vários intervenientes em função da sua esfera de competência interna e externa, retirando dessa análise importantes consequências teóricas e práticas para o problema da realização típica do facto ilícito, quer ao nível individual, quer em comparticipação.

Todo o trabalho desenvolvido pelo nosso Autor assenta num rico acervo bibliográfico, nacional e estrangeiro, na análise de jurisprudência relevante de vários países e no estudo de legislação específica, complexa e heterogénea, que acaba por ser necessária – dadas as características exigências de legalidade em matéria penal - para a própria adequação típica dos factos e a sua imputação aos agentes.

Com a publicação deste estudo de Duarte Contreiras Roseiro, a Faculdade de Direito da Universidade Nova de Lisboa e a colecção *Criminalia* continuam o seu trabalho de divulgação da investigação científica de elevada qualidade que, no âmbito da Faculdade, do seu Centro de Investigação (CEDIS) e do grupo *Criminalia*, regularmente realizam. Um estudo que pelo seu rigor, qualidade e consequências práticas será certamente do interesse dos agentes económicos, reguladores, magistrados e advogados, mas também dos professores, alunos e investigadores da Universidade portuguesa.

Assim se vão cumprindo os desígnios contidos nos Princípios Orientadores que presidiram à criação da NOVA Direito, abrindo novos horizontes em áreas jurídicas pouco estudadas ou ensinadas, mas que se tornaram urgentes no contexto da evolução das sociedades contemporâneas. A experiência do nosso país em anos recentes é um dos mais evidentes indícios da importância da investigação sobre temas como aquele que aqui hoje trazemos ao escrutínio público, possibilitando a académicos ou a práticos do Direito o conhecimento de uma reflexão avançada sobre mais um tema de actualidade e relevância indesmentíveis.

Lisboa e Universidade Nova (Campolide),
dia 16 de Setembro de 2019

TERESA PIZARRO BELEZA
FREDERICO DE LACERDA DA COSTA PINTO

NOTA PRÉVIA

O estudo que se publica corresponde, no essencial, à dissertação submetida a provas públicas com vista à obtenção do grau de mestre na Faculdade de Direito da Universidade Nova de Lisboa, no dia 15 de março de 2017, perante um júri composto pela Senhora Professora Doutora Helena Pereira de Melo (Presidente, em representação da Senhora Professora Doutora Teresa Pizarro Beleza), pelo Senhor Professor Doutor Frederico de Lacerda da Costa Pinto (Orientador) e pelo Senhor Professor Doutor Germano Marques da Silva (Arguente).

AGRADECIMENTOS

O primeiro agradecimento deve ser dirigido à minha Mãe pelo constante e despretensioso exemplo de que ser-se jurista começa pela firmeza dos princípios e pelo carinho e confiança sempre presentes.

Não menos importante foi o amor e a paciência do meu Pai e da minha Irmã, mesmo nas alturas em que a manipulação do mercado não se ausentava das conversas ao jantar.

Não posso também deixar de endereçar algumas palavras aos meus Avós, pela ternura com que me brindam cada vez que estamos juntos.

Agradeço ao Emanuel e aos meus amigos que constituem o substrato daquilo que sou.

Agradeço também a todos os colegas e amigos que na Comissão do Mercado de Valores Mobiliários me apoiaram no início de vida profissional, pela partilha sincera de conhecimentos e por consituirem referências pessoais e profissionais preciosas, em especial à Dra. Helena Bolina, ao Tiago Estêvão Marques e à Joana Correia de Miranda.

Gostaria também de agradecer penhoradamente ao meu Orientador, Professor Doutor Frederico de Lacerda da Costa Pinto, em primeiro lugar, por ter aceitado orientar a dissertação e, em segundo lugar, pelos estimulantes conselhos e reconfortantes considerações que me foi dirigindo ao longo deste trabalho, por certo indispensáveis para a sua conclusão.

Agradeço igualmente ao Senhor Professor Doutor Germano Marques da Silva pela valiosa arguição e pela generosidade das suas críticas e comentários.

Finalmente, agradeço a todas as Senhoras Funcionárias e Senhores Funcionários das bibliotecas da FDUNL, da FDUL e João Paulo II, pela paciência e prontidão com que me ajudaram a encontrar todas as obras consultadas.

RESUMO

Neste trabalho reflete-se sobre a possibilidade de subsunção das condutas de comunicação das sociedades de notação de risco ao ilícito de manipulação do mercado. Pretendeu-se, com efeito, descrever em que consiste a atividade de notação de risco, assinalar os seus principais problemas e demonstrar as mais recentes respostas normativas para a sua mitigação. Posteriormente, procedeu-se à análise da tipicidade do crime de manipulação do mercado, propondo-se uma renovada interpretação do ato de divulgação e do conceito de informação na norma incriminadora. A principal conclusão a que se chegou foi a de que é possível distinguir a opinião consubstanciada numa notação de risco dos pressupostos fáticos que lhe subjazem, podendo estes, enquanto informação, realizar o crime de manipulação do mercado. Encerra-se o trabalho com a problematização de possíveis casos de realização típica bem como com a enunciação dos principais problemas sobre autoria e participação no âmbito da sociedade de notação de risco e propostas de sua resolução à luz dos principais contributos identificados na doutrina.

ABSTRACT

This thesis discusses the hypothesis of communications by credit rating agencies constituting the crime of market manipulation. It aims to describe the activity of credit rating agencies, to highlight the main challenges arising from it, and to evidence recent legal developments that can contribute to their mitigation. It analyses the crime of market manipulation, suggesting a new intepretation of the act of communication and the concept of information. The main conclusion is that it is possible to distinguish between the opinion consolidated in a credit rating and the underlying factual assumptions, which can substantiate the crime of market manipulation. Finally, it explores some exemplificative cases and problematises the main issues arising from the commission of the crime within the context of a credit rating agency, stressing solutions proposed by legal doctrine.

LISTA DE ABREVIATURAS

AAFDUL	Associação Académica da Faculdade de Direito da Universidade de Lisboa
AA.VV.	Vários Autores
Ac.	Acórdão
al. /als.	Alínea/alíneas
art./arts.	Artigo/artigos
BdP	Banco de Portugal
BGHst	Entscheidungen des Bundesgerichtshofs in Strafrecht (decisões em matéria penal do Supremo Tribunal Federal alemão)
CCit	Código Civil Italiano
CdMVM	Código do Mercado de Valores Mobiliários
CDO	Colateralized Debt Obligations
CDS	Credit Default Swap
CEDAM	Casa Editrice Dott. Antonio Milani
CEDIPRE	Centro de Estudos de Direito Público e Regulação da Faculdade de Direito da Universidade de Coimbra
cfr.	Conferir
CJ	Coletânea de Jurisprudência
CMVM	Comissão do Mercado dos Valores Mobiliários
Cons.	Considerando
CPDO	Constant Proportion Debt Obligation
CPit	Código Penal Italiano
CPP	Código Processo Penal Português
CRA I	Regulamento (CE) n.º 1060/2009, de 16 de setembro

CRA II	Regulamento (UE) n.º 513/2011, de 11 de maio
CRA III	Regulamento (UE) n.º462/2013, de 21 de maio
CSC	Código das Sociedades Comerciais
CVM	Código dos Valores Mobiliários
DAM	Diretiva Abuso de Mercado
DFP	Diretivas Fundos Próprios
Dir.	Diretiva
DL	Decreto-Lei
DMIF	Diretiva Mercados de Instrumentos Financeiros
ECAI	External Credit Assessment Institution(s)
Ed.	Edição
EOET	Entidade com objeto específico de titularização
ESMA	Autoridade Europeia dos Valores Mobiliários e dos Mercados
ESME	European Securities Markets Expert Group
FCIC	The Financial Crises Inquiry Report
FDUL	Faculdade de Direito da Universidade de Lisboa
FDUNL	Faculdade de Direito da Universidade Nova de Lisboa
IDB	Instituto de Direito Bancário
IDPCC	Instituto de Direito Penal e Ciências Criminais da Faculdade de Direito da Universidade de Lisboa
IOSCO/OICV	International Organization of Securities Commission
LUISS	Libera Università Internazionale degli Studi Sociali Guido Carli di Roma
n.º /n.ºs	Número/números
n.p.	Não publicado
NINJA	No Income, No Jobs and no Assets
p.	Página/páginas
Par.	Parágrafo
PASF	Plano de Ação para os Serviços Financeiros
Reg.	Regulamento
RegD.	Regulamento Delegado
RGICSF	Regime Geral das Instituições de Crédito e Sociedades Financeiras
RGOIC	Regime Geral dos Organismos de Investimento Coletivo
RMBS	Residential Mortgage Backed Securities

SEC	Securities Exchange Commission
SNR	Sociedade(s) de notação de risco
SPV/SPE	Special Purpose Vehicle/Special Purpose Entity
StGB	Strafgesetzbuch (Código Penal alemão)
trad.	Tradução
TRL	Tribunal da Relação de Lisboa
TUF	Testo unico delle disposizioni in materia di intermediazione finanziaria
v.	Ver
Vol.	Volume
WpHG	Wertpapierhandelsgesetz (Lei dos valores mobiliários alemã)

MODO DE CITAR E OUTRAS CONVENÇÕES

As referências bibliográficas ao longo do texto são feitas em nota de pé de página. As monografias são citadas com a indicação do Autor (e tradutor, se aplicável), do título da obra, da edição, do local da publicação, da editora, da data da publicação e das respetivas páginas. Os artigos científicos constantes de publicação periódica ou obra coletiva são citados com a indicação do Autor, do título do artigo, do título da publicação periódica ou da obra coletiva que o consigne, do número identificativo da publicação (se aplicável), da data da publicação, e respetivas páginas. As citações subsequentes são feitas abreviadamente com a indicação do Autor, título da obra e páginas. Quando a referência omita o número de página, tenha-se por feita à totalidade da publicação. Na bibliografia encontram-se enunciadas todas as obras citadas ao longo do texto, por ordem alfabética e, respeitante a cada Autor, por ordem cronológica da publicação.

As referências legislativas são feitas de forma abreviada, com a identificação da sua natureza, do número e do ano, cuja referência completa pode ser consultada no índice legislativo, elencadas pela ordem cronológica da publicação. Todas as referências legislativas sem menção da respetiva origem devem ter-se por feitas ao Regulamento 1060/2009, ao Código Penal Português ou ao Código dos Valores Mobiliários[1], consoante o seu

[1] As referências na elaboração do texto foram feitas à redação do CVM dada pelo Decreto-Lei n.º 22/2016, de 3 de junho. As alterações posteriores ao CVM com impacto no objeto do presente estudo não colocam em crise as suas conclusões. Quando se afigurar útil, serão mencionadas tais alterações.

contexto. A jurisprudência estrangeira referida é identificada de acordo com o Autor onde foi consultada, sempre se indicando o nome das partes quando o uso prevalecente na ordem jurídica em causa assim o imponha.

As transcrições são feitas em língua portuguesa e de exclusiva responsabilidade do Autor, salvo quando por motivos de exposição se tenha por útil manter a língua original.

Na elaboração do texto seguiu-se o mais recente Acordo Ortográfico.

INTRODUÇÃO

As sociedades de notação de risco desempenham uma função essencial nos mercados financeiros e a sua atividade tem sido objeto de um acutilado escrutínio público decorrente da sua incapacidade de previsão das mais recentes crises financeiras. Assistiu-se a um amplo público de investidores que confiava cegamente em notações de risco emitidas de forma leviana e que se vieram a revelar crassamente erradas. A confiança acrítica nestes sujeitos não advinha apenas de pequenos investidores mas também dos próprios reguladores dos mercados, o que potenciou sistemicamente os danos decorrentes das notações emitidas. Este escrutínio público chegou aos mais diversos *fora* jurídicos mundiais, iniciando-se uma forte corrente doutrinária que reclamava uma intervenção jurídica mais robusta da atividade, quer no plano regulatório, como no ressarcitório e sancionatório.

Se é certo que a doutrina em uníssono afirma que estes sujeitos desempenham um papel de intermediários informativos nos mercados financeiros, reduzindo as assimetrias de informação entre os vários intervenientes, com alguma parcimónia se tem pronunciado acerca da sua responsabilidade decorrente dessa função.

O presente trabalho assenta justamente nesse aparente paradoxo. Identificado um incorreto desempenho das suas funções informativas, inexiste, com exceção de poucos casos, atenção doutrinária quanto à responsabilidade jurídico-penal dos sujeitos que integrem uma sociedade de notação de risco, pela realização do crime destinado a reprimir condutas assentes na divulgação de informação que atentem contra o regular funcionamento do mercado – o crime de manipulação do mercado. Esta reflexão justifica-se pois pode-se afirmar que existe um consenso doutrinário quanto aos principais problemas da atividade de notação de risco, cujas soluções se encontram atualmente cristalizadas num regulamento europeu exclusivamente dedicado a estes sujeitos, revelando-se de extrema importância avançar na análise desses problemas e da sua leitura à luz de uma incriminação fundamental para proteção do regular funcionamento do mercado, dotada ainda de parca aplicação judicial e de escassa atenção doutrinária, pelo menos no ordenamento jurídico nacional.

Nesta senda, no Capítulo I procede-se à descrição da atividade de notação de risco e do enquadramento normativo que lhe é aplicável. Ter-se-á especial atenção à regulamentação comunitária sobre a matéria, aplicável no nosso ordenamento jurídico. Segue-se uma descrição desses problemas, para cuja compreensão foi indispensável a leitura de Autores de diversos ordenamentos jurídicos e de importantes instituições internacionais que se pronunciaram sobre a matéria, demonstrando-se como o Regulamento europeu os procura solucionar.

Neste quadro, dirigiu-se especial atenção para os conflitos de interesses, para a falta de transparência no processo de atribuição de notação de risco, para a dependência regulatória e para a responsabilidade civil.

O Capítulo II dedica-se à análise de uma das modalidades típicas de manipulação do mercado, consistente na divulgação de informações falsas, incompletas, exageradas ou tendenciosas, idóneas a alterar o regular funcionamento do mercado. É um crime que assenta numa estrutura típica complexa, que consigna elementos objetivos com escassa densificação doutrinária, consubstanciada numa conduta de divulgação cujo alcance também não se encontra claramente definido, e que elege como filtro de dignidade punitiva uma cláusula de idoneidade da conduta para causar um perigo para o bem jurídico protegido.

Assim, intenta-se interpretar estes elementos da tipicidade à luz dos contributos identificados na doutrina nacional, bem como na doutrina italiana, cujo ordenamento inspirou a norma portuguesa.

Procura-se, de seguida, rebater a principal objeção dogmática à subsunção das notações de risco ao tipo de manipulação do mercado, que consiste na circunstância de que constituem meras opiniões e, como tais, atípicas. De molde a consolidar a conclusão a que se chega, analisam-se alguns casos hipotéticos de possível realização do crime.

Finaliza-se com a abordagem de um problema incontornável na análise de responsabilidade jurídico-penal no Direito penal económico: a autoria e a participação no âmbito da sociedade de notação de risco pelo crime de manipulação do mercado. Aqui se procura estabelecer uma dialética entre os principais argumentos dogmáticos sobre a questão, propondo-se uma solução concreta para os problemas decorrentes da especificidade de relações firmadas entre os vários sujeitos que integram a sociedade de notação de risco e que intervenham direta ou indiretamente no processo de notação.

Em suma, o trabalho foca-se essencialmente num problema de interpretação dos elementos objetivos da tipicidade do crime de manipulação do mercado e na sujeitabilidade de um caso concreto à responsabilidade jurídico-penal por aquele ilícito. Uma vez que se toma por referência o Regulamento 1060/2009, de 16 de setembro de 2009, as conclusões a que se chega baseiam-se nas sociedades de notação de risco e nas notações por elas emitidas que se integrem no seu âmbito de aplicação. É um trabalho forçosamente fragmentário e não tem a pretensão de esgotar todos os problemas dogmáticos que a questão convoca, tendo de ser articulado com as categorias gerais da teoria do crime, situação de que se vai advertindo ao longo do texto. Por igualdade de razão, também não será autonomamente abordado o problema do concurso de crimes e de infrações, relativo a outros crimes, nomeadamente patrimoniais, ou a infrações de caráter contraordenacional.

CAPÍTULO I

As Sociedades de Notação de Risco

1. A caracterização das sociedades de notação de risco e do processo de atribuição de notação

1. As sociedades de notação de risco (SNR) são pessoas coletivas cuja atividade inclui a emissão de notações de risco a título profissional.[2] A notação de risco consiste num "parecer relativo à qualidade de crédito de uma entidade, de uma obrigação de dívida ou obrigação financeira, de títulos de dívida, de ações preferenciais ou outros instrumentos financeiros, emitido através de um sistema de classificação estabelecido e definido com diferentes categorias de notação".[3/4]

[2] Cfr. al. b) do n.º 1 do art. 3.º do Reg. 1060/2009. Em sentido idêntico, Código IOSCO, p. 4. As noções apresentadas pelas três principais SNR podem ser consultadas nos respetivos sítios da internet, bem como em ISABEL ALEXANDRE e ANA DINIZ, "O Regulamento (CE) n.º 1060/2009 e o problema da qualidade e da necessidade das notações de risco: o caso particular da dívida soberana: Partes Primeira e Segunda", *in Revista do Ministério Público*, n.os 127 e 128, abril-junho e outubro-dezembro, 2011, p. 126-127.

[3] O instrumento financeiro enquanto objeto da notação é definido nas als. k) e l) do n.º 1 do art.1 do Reg.1060/2009 que remetem, respetivamente, para a Dir.2004/39/CE (An. I/Sec. C) e Dir.2006/48/CE (ponto 36 do art. 4º). Sobre o conceito v. AMADEU JOSÉ FERREIRA, *Guias de Estudo*, Lisboa, FDUNL, 2013, Documento de apoio à unidade curricular de Títulos de Crédito e Valores Mobiliários (n.p.), p. 127 e ss; PAULO CÂMARA, *Manual de Direito dos Valores Mobiliários*, 2.ª ed, Coimbra, Almedina, outubro de 2011, p. 200 e ss..

[4] Cfr. al. a) do n.º 1 do art. 3.º do Reg.1060/2009. cfr. Código IOSCO, p. 4.

A notação apenas diz respeito ao risco de crédito, isto é, à probabilidade de a entidade notada (ou do emitente de instrumentos financeiros notados) não cumprir obrigações assumidas, total ou parcialmente, no momento do vencimento, não sobrepesando outros riscos como o risco de mercado (risco de movimentos desfavoráveis no preço de mercado) ou o risco de liquidez (risco de determinado instrumento financeiro não puder ser transacionado rapidamente).[5]

A atividade de notação de risco não se confunde com a *recomendação de investimento*, dela não se podendo extrair nenhum incentivo direto à aquisição, alienação ou detenção de instrumentos financeiros.[6] Também não visa certificar juridicamente a veracidade da informação fornecida pelo emitente, como sucede com a *auditoria*.[7] Igualmente se

[5] Francisco Reigada Pereira, *As agências de rating e o seu cavalo de Tróia: o rating enquanto vítima do seu próprio sucesso*, Lisboa, FDUL, 15 de setembro de 2010, Relatório da disciplina de Direito Financeiro (n.p.), p. 9.

[6] O n.º 2 do art. 7.º CVM distingue estes dois "veículos" de informação, consignando normas autónomas para a notação (art. 12.º CVM) e para a recomendação (art. 12.º-A a 12.º-E CVM). O artigo 12.º foi posteriormente revogado pela Lei n.º 28/2017, de 30 de maio, bem como os artigos 12.º-B a 12.º-E. As recomendações de investimento, designadamente, o respetivo conteúdo, modo de apresentação, requisitos e divulgação de interesses ou existência de conflitos de interesse, regem-se pelo Regulamento (UE) n.º 596/2014, do Parlamento Europeu e do Conselho, de 16 de abril de 2014, e respetiva regulamentação e atos delegados nos termos do artigo 12.º-A, n.º 1. v. Dir. 2003/125/CE, Cons. 10; Reg. 1060/2009, Cons. 20. Na doutrina, v. Hugo Moredo dos Santos, "A Notação de Risco e os Conflitos de Interesses", *in* Paulo Câmara et. al., *Conflito de Interesses no Direito Societário e Financeiro: Um Balanço a partir da Crise Financeira*, Coimbra, Almedina, janeiro de 2010, p. 478; Miguel Coelho, "Análise financeira e recomendação de investimento", *in* AA.VV., *Direito dos Valores Mobiliários*, Vol. X, Coimbra, Coimbra Editora, 2011, p. 113-132; Margarida Azevedo de Almeida, "A Responsabilidade Civil Perante os Investidores por Realização Defeituosa de Relatórios de Auditoria, Recomendações de Investimento e Relatórios de notação de Risco", *in Cadernos do Mercado de Valores Mobiliários*, n.º 36, agosto de 2010, p. 9 a 31.

[7] v. Gabriela Figueiredo Dias, "Conflitos de Interesse em Auditoria", *in* Paulo Câmara *et. al.*, *Conflito de Interesses no Direito Societário e Financeiro – Um Balanço a partir da Crise Financeira*, Coimbra, Almedina, janeiro de 2010, p. 565-623. Myungki Cha, Kookjae Hwang e Youngjun Yeo, "Relathionship Between Audit Opinion and Credit Rating: Evidence from Korea", *in The Journal of Applied Business Research*, vol. 32, n.º 2, março-abril de 2016, p. 621 e ss. Nicole B. Neuman, "A "Sarbanes-Oxley" for Credit Rating Agencies?: A Comparison of the Roles Auditors' and Credit Rating Agencies'

distingue dos sistemas de pontuação de crédito e da classificação de crédito.[8]

2. Estas entidades desempenham uma função essencial de *intermediários informativos*[9] nos mercados financeiros, pois proporcionam uma redução das assimetrias informativas entre emitentes e investidores, o que permite democratizar o acesso ao investimento financeiro e, consequentemente, aumentar a liquidez nos mercados.[10]

Todavia, a evolução histórica[11] demonstra que o papel das SNR não se esgota nesta função informativa. Com o crescimento da indústria de notação de risco e dos destinatários dos seus serviços, os reguladores entenderam ser igualmente útil utilizar as notações para efeitos regulatórios. Esta tendência, iniciada nos anos 30 nos Estados Unidos da América,[12] alterou

Conflicts of Interests Played in Recent Financial Crises", *in University of Pennsylvania Journal of Business Law*, vol. 12, n.º 3, 2010, p. 921 e ss.

[8] Cfr. al. b) do n.º 2 do art. 2.º do Reg. 1060/2009.

[9] v. Valeria Pitarresi, *Agenzie di rating, mercati finanziari e modelli di responsabilità*, Universitá degli Studi di Palermo em co-tutuela com Facultad de Derecho, Universidad Autónoma de Madrid, 2010/2011, Tese de Doutoramento, p. 6-15. Steven L. Schwarcz, "Private Ordering of Public Markets: the rating agency paradox", *in Univesity of Illinois Law Review*, n.º 1, fevereiro de 2002. Importa ainda ter em conta que o n.º 2 do art. 614.º do CdMVM reconhecia expressamente a influência da "informação por eles [prestadores de serviços de notação de risco] produzida".

[10] v. Fabian Amtenbrink e Jakob de Haan, "Credit Rating Agencies", *in De Nederlandsche Bank (DNB) Working Paper*, n.º 278, janeiro de 2011, p.1.

[11] Para a descrição da evolução história desta indústria v. Richard Sylla, *A Historical Primer on Business of Credit Rating*, Washington DC, março de 2001, texto preparado para a conferência "The Role of Credit Reporting Systems in the International Economy", The World Bank; Angela Troisi, *Il Ruolo dele Agenzie di Rating nel Mercato Finanziario*, Roma, LUISS, 2014, Tese de Doutoramento, p. 8-15; Frank Partnoy, "The Siskel and Ebert of Financial Markets?: Two Thumbs Down for the Credit rating agencies", *in Washington Universtity Law Quarterly*, vol. 77, n.º 3, 1999, p. 636 e ss.; Claire Hill, "Regulating the Rating Agencies", *in Washington University Law Quarterly*, vol. 82, n.º 1, janeiro de 2004, p. 46 e ss. Entre nós, v. Raquel Franco, *A relevância da informação nos mercados financeiros e o papel das agências de notação de risco de crédito*, Lisboa, FDUL, 2008, Seminário de Mestrado de Direito Internacional Económico (n.p.), p. 15-18.

[12] A primeira norma a incluir notações de risco foi criada em 1931, pelo *Comptroller of Currency* (o supervisor bancário dos Estados Unidos da América), restringindo a aquisição de valores mobiliários cuja notação fosse inferior a BBB. v. Frank Partnoy, "The Siskel

completamente o paradigma de funcionamento das SNR, atribuindo-lhes um exercício de poder quase público.[13] É esta função quase regulatória que permite a alguns Autores incluírem as SNR no conjunto dos *gatekeepers* do mercado financeiro.[14] As utilizações legal, regulamentar ou contratual[15] das notações de risco permitem identificar corretamente o poder que estes sujeitos detêm no mercado e justificar a sua inserção naquela categoria de sujeitos do mercado.

A importância destas entidades para o funcionamento do mercado financeiro é ainda assinalável em função do exponencial aumento de instrumentos financeiros transacionados e da sua complexidade (o que determina o aumento da quantidade e complexidade da informação disponível)[16], permitindo, pelo menos em teoria, reduzir a complexidade associada à perceção do risco nestes instrumentos.

3. Em suma, é possível surpreender nestas entidades três funções essenciais: i) informativa; ii) de certificação; e iii) de uniformização.[17] Procedem

and Ebert of Financial Markets? Two Thumbs Down for the Credit Rating Agencies", *in Washington Universtity Law Quarterly*, 77 (1999), p. 687.

[13] v. Luigi Pianesi, "Le Agenzie di rating tra privatizzazione di funzione pubbliche e opinioni private "geneticamente modificate"", *in Rivista Trimestrale di Diritto Publico*, n.º 1, 2011, p. 179 e ss; João Filipe Graça, "Agências de notação de risco", *in Publicações CEDIPRE Online*, n.º 14, setembro de 2012, p. 8 e ss.

[14] Sobre a noção de *gatekeepers* v. Frank Partnoy, "Barbarians at the Gatekeepers?: A Proposal for a Modifed Strict Liability Regime", *in Wahsington University Law Reviw*, vol. 79, n.º 2, janeiro de 2001; John C. Coffee, "Gatekeeper Failure and Reform: The Challenge of Fashioning Relevant Reforms", *in Colombia Law School Working Paper*, n.º 237, setembro de 2003, p. 9 e ss.; António Barreto Menezes Cordeiro, *Direito dos Valores Mobiliários: Vol I*, Coimbra, Almedina, 2015, p. 312-313.

[15] Sobre a relevância contratual das notações, em especial no caso Enron, v. Uwe Blaurock, "Control and Responsability of Credit Rating Agencies", *in Electronic Journal of Comparative Law*, vol. 11, n.º 3, dezembro de 2007, p. 8.

[16] Assim, Amadeu José Ferreira, *Guias de Estudo*, 2013, p. 44.

[17] v. Fabian Dittrich, *The Credit Rating Industry: Competition and Regulation*, Colónia, Universität zu Köln, junho de 2007, Inauguraldissertation zur Erlangung des Doktorgrades der Wirtschafts und Sozialwissenschaftlichen, p. 9 e ss; Francesco Di Sandro, *Funzione del rating ed efficienza del mercato dei capitali: Analisi, giustificazione economica e prospettive di miglioramento dell'attività di risk assessment*, Roma, LUISS, 2010, Tese de Doutoramento, p. 59 e ss

à recolha e tratamento de informação relevante para uma decisão de investimento, diminuindo as assimetrias informativas enquanto intermediários informativos, com acesso a informação privilegiada.[18] Em segundo lugar, a utilização de notações pelos reguladores determina que estas tenham uma função de certificação, constituindo uma espécie de licença regulatória.[19] Esta técnica legislativa e regulatória foi fortemente criticada e encontra-se atualmente em recesso, conforme se verá em momento posterior. Por último, através da notação é possível aos investidores procederem a uma melhor comparação de opções de investimento, na medida em que uniformizam, através de um sistema classificatório, vários investimentos de riscos diversificados.

Apesar de a utilização de notações ser ubíqua nos mercados financeiros, a sua importância é fortemente sentida nos pequenos investidores que não dispõem dos meios equivalentes a investidores institucionais para avaliar o risco de investimento. No presente trabalho assume especial relevância a função informativa das SNR, enquanto *information gathering agencies*.[20] A notação incorpora todas as informações tidas por relevantes recolhidas pela SNR[21] e é produto de um processo específico.

4. O processo de notação[22] inicia-se geralmente com um pedido por parte da entidade objeto da notação (al. f) do n.º 1 do art. 3.º do Reg. 1060/2009),

[18] Paradigmática, nos Estados Unidos, é a *exemption* no Regulamento *Full Disclosure* da *Securities Exchange Commission*. Criticamente v. Aline Darbellay e Frank Partnoy, "Credit Rating Agencies and Regulatory Reform", *in Univesity of San Diego Legal Studes Research Paper Series*, n.º 12-083, abril de 2012, p. 2.

[19] Frank Partnoy, "The Siskel and Ebert of Financial Markets?: Two Thumbs Down for the Credit Rating Agencies", *in Washington Universtity Law Quarterly*, 77 (1999), p. 684 e ss.

[20] Marcia M. Millan e Anjan V. Thakor, "Moral Hazard and Informational Sharing: a modelo of financial information gathering agencies", *in Journal of Finance*, vol. 40, n.º 5, p.1403-1404.

[21] Hugo Moredo Santos, "A Notação de Risco e os Conflitos de Interesses", *in* Paulo Câmara *et. al.*, *Conflito de Interesses no Direito Societário e Financeiro – Um Balanço a partir da Crise Financeira*, 2010, p. 513-514, evidenciando uma vertente quantitativa e qualitativa na definição da informação relevante.

[22] O processo de notação vem descrito nos sítios das principais SNR. v. Ashok Vir Bhatia, "Sovereign Credit Ratings Methodology: an Evaluation", *in International Monetary Fund (IMF) Working Paper*, outubro de 2002, p.12-13; Angela Troisi, *Il Ruolo dele Agenzie di*

no caso das notações solicitadas. É feita uma reunião (*management meeting* ou *kick-off meeting*) entre esta entidade e o analista (ou grupo de analistas) designado pela SNR para aquele processo - o analista principal (al. e) do n.º 1 do art. 3.º do Reg. 1060/2009). Nesta, são recolhidas todas as informações (financeiras e não financeiras) necessárias, junto da entidade em causa, que permitam atribuir determinada notação.

Os dados são submetidos a uma metodologia analítica que contém fatores quantitativos e qualitativos e varia consoante o instrumento financeiro, a entidade em causa, o sector de atividade ou a localização geográfica. Os fatores qualitativos tidos em conta na notação são os seguintes[23]:

a) O risco da indústria ou sector de atividade, tendo em conta dados fundamentais como as características da concorrência, a procura previsível para tais sectores, a necessidade de financiamento, inovação, risco inerente, ciclos produtivos, entre outros;
b) A localização e respetivo ambiente de negócios, tendo em conta a regulação local, o ambiente social e demográfico, bem como as tendências de expansão do sector;
c) A posição de mercado, que identifica a sua eficiência perante a concorrência e o perfil de clientes/consumidores e respetiva diversificação geográfica, economias de escala e estrutura de custos;
d) O perfil da administração, analisando a estratégia, o grau de riscos assumidos, bem como as políticas de crescimento e financiamento;

Rating nel Mercato Finanziario, 2014, p. 17 e ss.; Francesco Di Sandro, *Funzione del rating ed efficienza del mercato dei capitali: Analisi, giustificazione economica e prospettive di miglioramento dell'attività di risk assessment*, 2010, p. 42 e ss.; Michel Crouhy, Dan Galai e Robert Mark, "Prototype risk rating system", *in Journal of Banking & Finance*, vol. 25, n.º 1, janeiro de 2001, p. 47-95; Uwe Blaurock, "Control and Responsability of Credit Rating Agencies", *in Electronic Journal of Comparative Law*, 3 (2007), p. 3-4; Hugo Moredo Santos, "A Notação de Risco e os Conflitos de Interesses", *in* Paulo Câmara *et. al.*, *Conflito de Interesses no Direito Societário e Financeiro – Um Balanço a partir da Crise Financeira*, 2010, p. 513 e ss.; Delfim Vidal dos Santos, *As agências de notação de risco e a crise financeira planetária*, Lisboa, FDUL, 2012. Dissertação de Mestrado (n.p.), p. 94-98.

[23] Hugo Moredo Santos, "A Notação de Risco e os Conflitos de Interesses", *in* Paulo Câmara *et. al.*, *Conflito de Interesses no Direito Societário e Financeiro – Um Balanço a partir da Crise Financeira*, 2010, p. 98-99 afirma que estes são os fatores tidos em conta pela Fitch.

e) *Corporate governance*, nomeadamente o número de administradores independentes, a ética e o código empresarial;
f) Dados contabilísticos, analisados em função do sistema contabilístico nacional em causa, por forma a grupar as práticas contabilísticas e a respetiva influência no perfil de risco do emitente.

Já os fatores quantitativos consistem em:

a) *Cash flow*, por forma a apurar o perfil de risco e a dependência de financiamento externo;
b) Receitas e lucros;
c) Estrutura de capitais, para determinar a necessidade de capitais externos em função do sector de atividade e o respetivo perfil de risco;
d) Flexibilidade financeira, por forma a determinar se a empresa está preparada para lidar com situações de volatilidade do mercado sem comprometer o seu perfil de crédito e risco, *vg* o excesso de dívida de curto prazo.

Em seguida, o analista principal apresenta uma recomendação de notação ao comité de notação, que é a entidade que aprova a notação final. Este comité é composto por analistas de diversas especializações e os vários pressupostos da notação *(drivers)* são votados sucessivamente.

Uma vez decidida a notação final, é notificada a entidade podendo deste recorrer, acrescentando outras informações não tidas em conta no processo. Este finda com a divulgação pública da notação através dos diversos meios da SNR para o efeito (comunicações à imprensa, publicação no sítio da internet, envio por subscrição, etc.). A notação é acompanhada por um relatório de notação com as informações constantes da Sec. D do An. I do Reg. 1060/2009.

5. As SNR adotam geralmente uma perspetiva de longo prazo nas notações, compreendendo a um ciclo económico que não reflita flutuações temporárias no risco de crédito,[24] de modo a evitar alterações abruptas na notação

[24] Em sentido crítico da abordagem *through-the-cycle* veja-se GUNTER LÖFFLER, "Avoiding the rating bounce: why rating agencies are slow to react to new information", *in Journal*

(*rating bounce*). Igualmente procuram estabelecer uma certa homogeneidade nas notações entre emitentes, sectores e áreas geográficas.[25]Todavia, eventuais indicadores que sustentem uma futura alteração são albergados pelas figuras da perspetiva de notação (*outlook* e *credit watch*),[26] que constituem procedimentos de revisão das notações atribuídas. Procedem ainda a um acompanhamento das notações emitidas, devendo ser revistas pelo menos uma vez por ano e sempre que ocorra uma alteração relevante que possa ter impacto na notação ou uma alteração da metodologia utilizada, nos termos do art. 8.º, n.os 5 e 6, do Reg.1060/2009.

6. Com efeito, é possível qualificar a notação como uma opinião ou parecer, de caráter preditivo, sobre o risco de solvabilidade em relação ao objeto notado. Conforme se verá com maior detalhe no ponto 3 do Capítulo II, esta tem sido a principal objeção feita à responsabilização das SNR por notações que emitam. Avance-se desde já que, daquilo que ficou exposto, resulta que o papel eminentemente informativo das SNR não se revela neutralizado pela qualificação da notação enquanto opinião. Esta, ainda que de opinião se trate, é produto de um processo de recolha e tratamento de informações, públicas ou não, e desempenha uma função essencial nos mercados financeiros que não se compadece com um estatuto de verdadeira imunidade jurídica.

2. O enquadramento normativo da atividade de notação de risco

1. Atendendo ao papel essencial que desempenham no mercado, de que se deu sumariamente conta, ganhou algum consenso a necessidade de se proceder à regulação da atividade de notação de risco. Esta necessidade atingiu contornos mais evidentes tendo em conta o papel que

of Economic Behavior & Organization, vol. 56, n.º 3, 2005, p.365-381. A comparação desta abordagem com a *point-in-time* é feita por Angela Troisi, *Il Ruolo dele Agenzie di Rating nel Mercato Finanziario*, 2014, p. 22-24.

[25] A abordagem *peer comparisons*.

[26] v. Fabian Amtenbrink e Jakob de Haan, "Credit Rating Agencies", *in De Nederlandsche Bank (DNB) Working Paper*, 278 (2011), p.7-8.

as SNR desempenharam nas diversas crises financeiras.[27] Irá proceder-se a uma breve descrição dos principais instrumentos normativos que digam respeito às SNR tanto nos Estados Unidos da América como na União Europeia.

2. Nos Estados Unidos da América a primeira grande reforma de regulação do sistema financeiro deu-se, no rescaldo do *crash* bolsista, com a criação do *Securities Act* de 1933, bem como do *Securities Exchange Act* e da *Securities and Exchange Commission* (S.E.C.), no ano seguinte. Esta legislação corresponde ao entendimento de que a informação no mercado constitui um elemento essencial na proteção dos investidores, para a eficiência dos mercados e para a adequada formação dos preços.[28]

O enquadramento normativo norte-americano era marcado pela ausência de qualquer mecanismo de responsabilização das SNR, ao contrário do que aconteceu para outros sujeitos de mercado, como os auditores. Expressamente, a responsabilidade civil das SNR era excluída pela *statutory exemption* contida na Secção 11 do *Securities Act*.[29]

A crescente inclusão das notações para efeitos regulatórios levou à criação de um mecanismo de reconhecimento de certas SNR designado *Nationally Recognized Statistical Rating Organizations (NRSRO)*[30], em 1975, que só conhece um procedimento formal de registo em 2006, com a aprovação do *Credit Rating Agency Reform Act*, executado por uma série de *rules* da S.E.C.[31], que obriga à criação de vários mecanismos internos de controlo

[27] Desenvolvidamente, com recurso a diversas fontes jornalísticas, v. DELFIM VIDAL DOS SANTOS, *As agências de notação de risco e a crise financeira planetária*, 2012, p. 58 e ss.; CLAIRE A. HILL, "Why did rating agencies do such a bad job rating subprime securities", *in Univestity of Pittsburgh Law Review*, vol. 71, março de 2010.

[28] Assim, AMADEU JOSÉ FERREIRA, *Guias de Estudo*, 2013, p. 43-44.

[29] FRANK PARTNOY, "Rethinking Regulation of Credit Rating Agencies: An Institutional Investor Perspective", *in Univesity of San Diego Legal Studies Research Paper Series*, n.º 09-014, julho de 2009, p.5. A responsabilidade aqui prevista consistia numa responsabilidade por falsas declarações de certos profissionais contidas em documentos de registo.

[30] Ensina FRANK PARTNOY, "The Paradox of Credit Rating", *in University of San Diego Law & Economics Research Paper*, n.º 20, 2001, p. 13 que a primeira a primeira referência às NRSRO foi feita na Rule 15c3-1.

[31] cfr. Rules 17g-1, 17g-2, 17g-3, 17g-4, 17g-5 e 17g-6. No ano de 2008, no rescaldo da crise financeira, a SEC adotou uma série de outras rules orientadas para a transparência das

de conflitos de interesse e de gestão da informação privilegiada para que uma SNR possa ser considerada NRSRO.

Em julho de 2010 é aprovado o *Dodd-Frank Wall Street Reform and Consumer Protection Act*, introduzindo um conjunto de novas regras aplicáveis às SNR, aprofundando o enquadramento normativo aplicável aos conflitos de interesse. Reforça igualmente os poderes de supervisão da S.E.C., criando um *Office of Credit Ratings*, no pressuposto de que a atividade de notação de risco é uma questão de interesse público. Este instrumento normativo impõe igualmente que se eliminem as referências regulatórias à utilização de notações de risco para a determinação do risco de valores mobiliários e instrumentos do mercado monetário.[32]

Importa igualmente referir que o *Dodd-Frank Act* procurou estender o regime sancionatório de outros *gatekeepers*, como auditores ou analistas financeiros, às SNR[33], eliminando a exclusão de responsabilidade das SNR da secção 11 do *Securities Act*.

3. Relativamente à regulação da atividade de notação de risco na União Europeia[34] é possível distinguir dois momentos.

Até 2009, o enquadramento jurídico das SNR estava sujeito a um princípio de autorregulação com recurso ao *Code of Conduct Fundamentals for*

metodologias aplicadas, reforço das obrigações de disclosure e proibição de certas práticas comerciais, como dá conta John Patrick Hunt, "Credit Rating Agencies and the 'Worldwide Credit Crisis': The Limits of Reputation, the Insufficiency of Reform, and a Proposal for Improvement", *in Columbia Business Law Review*, vol. 2009, n.º 1, setembro de 2008, p. 14-15.

[32] v. Secção 939A do Dodd-Frank Act.

[33] Assim, na secção 931 *"(2) Credit rating agencies, including nationally recognized statistical rating organizations, play a critical "gatekeeper" role in the debt market that is functionally similar to that of securities analysts, who evaluate the quality of securities in the equity market, and auditors, who review the financial statements of firms. Such role justifies a similar level of public oversight and accountability. (3) Because credit rating agencies perform evaluative and analytical services on behalf of clients, much as other financial "gatekeepers" do, the activities of credit rating agencies are fundamentally commercial in character and should be subject to the same standards of liability and oversight as apply to auditors, securities analysts, and investment bankers."*.

[34] Para um enquadramento panorâmico da evolução da regulação das SNR na União Europeia v. Claudio Castelli, "La normativa sulle agenzie di rating: ratio, contenuti ed aplicazione nel contesto europeo", *in Rivista Trimestral de Diritto dell'Economia*, Suplemento 1/2015, p. 60 e ss..

Credit Rating Agencies da IOSCO.[35] A adoção deste conjunto de princípios assentava num sistema de cumprimento voluntário, numa lógica de *comply or explain*, inexistindo qualquer mecanismo sancionatório específico.[36] A posição tomada pela Comissão, em 2006, era a de que não existia necessidade de proceder a medidas específicas de regulamentação, na medida em que as normas já existentes seriam suficientes.[37] De facto, alguns instrumentos normativos europeus, embora não se dirigindo exclusivamente às SNR, eram-lhes aplicáveis.

Assim, a primeira referência europeia às notações de risco encontra-se na Dir.93/6/CEE, relativa à adequação dos fundos próprios das empresas de investimento e das instituições de crédito.

Esta Diretiva foi alterada, no âmbito da implementação do acordo *Basileia II* sobre regulação bancária, pelas Dir. 2006/48/CE e 2006/49/CE (Diretivas Fundos Próprios – DFP). Aqui é criada a figura das *External Credit Assessment Institutions* (*ECAI*)[38] ancorada num conjunto de requisitos de objetividade, independência, reexame contínuo e transparência para que uma SNR possa ser reconhecida como *ECAI*.[39]

[35] Para uma evolução da intervenção da IOSCO em matéria de notação de risco v. Tiago Alexandre da Silva Mateus, *O novo paradigma da regulação e supervisão do sistema financeiro na União Europeia: o caso das agências de notação de risco*, Lisboa, FDUL, 2011/2012, Dissertação de Mestrado (n.p.), p. 149-152; Valeria Pitarresi, *Agenzie di rating, mercati finanziari e modelli di responsabilità* 2010/2011, p. 60-61. Sobre a influência do Código IOSCO na legislação posterior v. Maddalena Marchesi, "Nuovo códice di condotta IOSCO in matéria di agenzie di rating: la parábola dela disciplina di transparenza", *in Rivista Trimestral de Diritto dell'Economia*, Suplemento 2/2015,2015, p. 159 e ss..

[36] v. Seigfreid Utzig, "The Financial Crisis and the Regulation of Credit Rating Agencies: A European Banking Perspective", *in Asian Development Bank Institute (ADBI) Working Paper Series*, n.º 188, janeiro de 2010, p. 7.

[37] Sobre a posição da comissão v. Comunicação da Comissão sobre Agências de Notação (2006/C 59/02) e Delfim Vidal dos Santos, *As agências de notação de risco e a crise financeira planetária*, 2012, p. 141 e ss..

[38] Para efeitos de cálculo de exposição ao risco existem dois métodos: "Standardized Approach" e "Internal Ratings Based Approach". Sobre o assunto, v. Marc Kruithof e Eddy Wymeersch, "Regulation and Liability of Credit Rating Agencies under Belgian Law", *in Ghent University Financial Law Institute Working Paper*, n.º 2006-05, março de 2006, p. 12.; Eva Rosa Danzini, *Agenzie di rating: regolazione, aspetti critici e prospettive di reforma*, Salerno, Università degli Studi di Salerno, 2013-2014, Tese de Doutoramento, p. 67-72.

[39] Assim, na Parte 2 do Anexo VI, bem como os arts. 80.º a 83.º da Dir. 2006/48/CE.

Para além das diretivas bancárias importa ter em conta outras que se inserem no Plano de Ação para os Serviços Financeiros (PASF) com igual incidência nas SNR: a Dir. 2003/6/CE (Diretiva Abuso de Mercado – DAM) e a Dir. 2004/39/CE (Diretiva Mercados de Instrumentos Financeiros – DMIF).[40]

A DAM enquadra-se no modelo legislativo *Lamfalussy*,[41] sendo esta um instrumento de nível 1, complementada por quatro diplomas de nível 2.[42] Para além das normas relativas à manipulação do mercado e da distinção das notações relativamente às recomendações de investimento a que já se fez alusão, importa ter em conta o regime aplicável ao abuso de informação privilegiada e da obrigatoriedade das SNR constarem das listas de pessoas com acesso a informação privilegiada, nos termos do n.º 3 do art. 6.º da DAM.[43]

A DMIF, que contém uma série de normas relativas a conflitos de interesse, era aplicável às SNR na medida em que estas prestassem serviços de investimento e/ou serviços auxiliares nela incluídos.[44]

O enquadramento jurídico da atividade de notação de risco na União Europeia era, nesta primeira fase, marcado por uma regulamentação dispersa e heterogénea acompanhada de um mecanismo de autorregulação baseado no Código da IOSCO. Com o despoletar da crise económica no ano de 2008, a ESME mantém o entendimento de que "os benefícios da regulação não excedem os seus custos", pelo que rejeita uma regulação formal da atividade, bastando um reforço do Código

[40] A aplicabilidade destas Diretivas às SNR foi evidenciada na comunicação da Comissão 2006/C 59/02.

[41] O modelo resultante do relatório *Lamfalussy*, consagrado na Resolução de Estocolmo de 23 de março de 2001 (Decisão da Comissão n.º2001/527/CE), consiste numa intervenção regulatória em quatro níveis e pretende uma maior agilidade, transparência e eficácia na regulação europeia dos mercados financeiros. v. Paulo Câmara, *Manual de Direito dos Valores Mobiliários*, 2011, p. 44 e ss..

[42] Dir.s 2003/124/CE, 2003/125/CE; Reg.2273/2003 e Dir.2004/72/CE; v. Helena Bolina, "A Revisão das Diretivas do Abuso de Mercado: Novo Âmbito, o mesmo Regime", *in Cadernos do Mercado de Valores Mobiliários: Ensaios de Homenagem a Amadeu Ferreira*, vol. II, n.º 51, agosto de 2015, p. 11 e ss..

[43] Ana Sá Couto, "As listas de iniciados e as agências de rating", *in Actualidad Jurídica Uría Menéndez*, n.º 21, 2008, p. 48 e ss..

[44] v. arts. 19º e ss bem como Sec. A e B do An. I.

da IOSCO.[45] Todavia, em novembro do mesmo ano, a Comissão apresenta uma proposta de regulamento para as SNR. É com a aprovação do Reg.1060/2009 (CRA I), que nasce o primeiro diploma europeu exclusivamente dedicado às SNR, alterando o paradigma regulatório para um sistema de heterorregulação.[46]

Este regulamento foi posteriormente alterado pelo Reg. 513/2011 (CRAII) e pelo Reg.462/2013 (CRAIII). A introdução do regulamento na União Europeia determinou igualmente uma alteração à figura das *ECAI*, cujo reconhecimento passa a ser feito em sua conformidade, nos termos da Dir.2009/111/CE e, posteriormente, nos termos do Reg.575/2013.

Conforme se verá no ponto seguinte, o regulamento oferece uma resposta normativa aos principais problemas apontados às SNR, como os conflitos de interesse, a qualidade das notações ou a falta de transparência do processo de notação. A principal inovação traduz-se por limitar a utilizabilidade de notações de risco para fins regulamentares àquelas que forem emitidas por SNR registadas na UE (art. 4.º) criando, nos arts. 14.º e ss. um procedimento de registo junto da Autoridade Europeia dos Valores Mobiliários e dos Mercados (ESMA), que detém igualmente a competência pela supervisão daquelas entidades nos termos do art. 21.º.

Com o CRA II o Conselho de Supervisores da ESMA detém igualmente poderes sancionatórios de tipo administrativo pela violação das disposições do Regulamento. Nos seus poderes incluem-se medidas de supervisão (art. 24.º) – cancelamento do registo, a proibição temporária de emitir notações, a suspensão da utilização, para fins regulamentares, das notações de risco emitidas, exigir que a SNR ponha termo à infração e emitir comunicações públicas – bem como a imposições de sanções pecuniárias – coimas (art. 36.º-A) e sanções pecuniárias compulsórias (art. 36.º-B) em virtude da verificação de uma infração constante das listas previstas no An. III.[47] No exercício destes poderes sancionatórios há

[45] ESME, *Role of Credit Rating Agencies*, junho de 2008, p. 22.

[46] Nina Dietz Legind e Camila Hørby Jensen, "The European Regulation of Credit Rating Agencies", *in Law in Context*, vol. 30, 2014, p. 120.

[47] Assim, o Reg. assenta numa estrutura peculiar de tipificação das infrações, distinta de outros atos normativos europeus relativos ao sistema financeiro.

que atender às regras processuais contidas no art. 23.º-E, desenvolvidas no RegD. 946/2012 onde se incluem disposições sobre os direitos de defesa, bem como aos arts. 36.º-A a 36.º-E.

Para além do Reg. 1060/2009, importa ter em conta o RegD. 272/2012, os RegD.s 446/2012, 447/2012, 448/2012 e 449/2012, o RegD. 946/2012, bem como os RegD.s 1/2015, 2/2015 e 3/2015.

3. Os problemas em torno da atividade de notação de risco

3.1. O papel das sociedades de notação de risco na crise financeira

1. O debate em torno da atividade de notação de risco conheceu o seu apogeu com a crise financeira de 2007-2008.[48] As SNR desempenharam um papel crucial na comercialização de valores mobiliários ligados a créditos imobiliários de alto risco (*subprime*, também designados por empréstimos *NINJA – No Income, No Jobs and no Assets*), principalmente os *Residential Mortgage Backed Securities* (RMBS) e as *Colateralized Debt Obligations* (CDO). Ambos os instrumentos financeiros em causa assentam numa técnica de titularização (*securitization*) que consiste na emissão de valores mobiliários autónomos fundados em créditos cedidos em massa.[49] Os *RMBS* têm por

[48] Delfim Vidal dos Santos, *As agências de notação de risco e a crise financeira planetária*, 2012, p. 58 e ss.. Para uma leitura da crise à luz da financiarização da economia v. António Menezes Cordeiro, "A crise planetária de 2007/2008 e o governo das sociedades", *in Revista do Direito das Soceidades*, Ano I, 2009, n.º 2, p. 263-286. Sobre a evolução do escrutínio público das SNR v. Michele Alessandro del Vicario, *Il ruolo del rating nella crisi della finanza strutturata: ragioni e implicazioni*, Roma, LUISS, Tese de Bacharelato, p. 35 e ss.; Michel Sabatino, "The Business Model of Rating Agencies between Asymmetric Information and Financial Crises", *in Journal of Economics and Development Studies*, vol. 2, n.º 4, dezembro de 2014, p. 178 e ss.; Chiara Picciau, *La responsabilità delle Agenzie di Rating per Diffusione di giudizi insensate sul mercato finanziario*, Milão, Univesrità degli Studi di Milano, 2013/2014, Tese de Doutoramento, p. 39 e ss; Arthur R. Pinto, "Control and Responsibility of Credit Rating Agencies in the United States", *in Brooklyn Law School Legal Studies Research Paper*, n.º 119, outubro de 2008.

[49] João Calvão da Silva, *Titularização de créditos: Securatization: No coração da crise financeira global*, 3.ª Ed., Coimbra, Almedina, 2013, com extensas indicações bibliográficas na nota 3 da p. 12. Entre nós, o regime jurídico das operações de titularização encontra-se

ativo subjacente os créditos à habitação, que são divididos em tranches consoante o risco que comportam, sendo que esse risco era objeto de notação. As *CDO* podiam ter por ativo subjacente os *RMBS*,[50] proporcionando um segundo momento de diversificação de riscos, igualmente objeto de notação. A titularização no *CDO* podia ainda não corresponder à transmissão física do crédito, mas assentar num esquema de titularização sintética,[51] em que o ativo subjacente corresponde somente ao risco associado ao crédito transmitido através de instrumentos financeiros derivados, como um *Credit Default Swap (CDS)*,[52] inexistindo uma transmissão em virtude de cessão de créditos como sucede com a titularização tradicional.

Ora uma política de concessão de crédito particularmente imprudente, associada à alavancagem através de produtos financeiros complexos cujos fluxos de capital dependiam de um cumprimento altamente improvável, gerou a maior crise financeira desde o *crash* de 1929.

2. As SNR desempenharam um papel essencial na comercialização destes produtos financeiros complexos. Apesar de nos Estados Unidos não existir um sistema de notação obrigatória, como acontece em França, na Bélgica, em Espanha ou em Portugal,[53] as SNR desempenhavam um papel

no Decreto-Lei n.º 453/99. Quanto às regras relativas aos requisitos dos fundos próprios aplicáveis às operações de titularização v. Reg. 575/2013, em especial as definições nos n.os 61 a 67 do art. 4.º.

[50] Seria uma operação de retitularização, nos termos do n.º 63 do art. 4.º do Reg. 575/2013.

[51] Sobre a titularização sintética v. Ana Rita Almeida Campos, "Titularização de créditos: Algumas notas sobre titularização sintética", *in Revista da Banca*, n.º 60, julho-dezembro de 2005.

[52] Como assevera Claire A. Hill, "Why did rating agencies do such a bad job rating subprime securities", *in Univestity of Pittsburgh Law Review*, 71 (2010), p. 589-590, a criação de entidades autónomas dos originários titulares do crédito (*special purpose vehicle/entity* – SPV/SPE – entre nós, Entidade com objeto específico de titularização - EOET) cujo único propósito era emitir as obrigações titularizadas faz com que os riscos da atividade comercial desenvolvida pela empresa originária não sejam ponderados na notação. As notações elevadas eram garantidas pela estratificação dos créditos em tranches, sendo que quanto mais diversificada fosse a tranche, maior a probabilidade de continuidade do fluxo financeiro do ativo subjacente. v. David A. Skeel e Frank Partnoy, "The promise and perils of credit derivatives", *in University of Cincinnati Law Review*, vol. 75, 2007, p. 1019-1051.

[53] Entre nós, quando a emissão de unidades de titularização ou de obrigações titularizadas seja feita mediante oferta pública (arts. 109.º e 110.º CVM), há obrigatoriedade de

informativo muito importante, atendendo ao modo como estes produtos eram transacionados.[54] A opacidade dos ativos subjacentes impediam um eficaz conhecimento autónomo por parte dos investidores em geral, que confiaram nas notações efetuadas, em função das quais era fixado o valor do instrumento financeiro. Acresce que a atribuição de determinada notação determina o círculo idóneo de potenciais investidores, na medida em que legal ou estatutariamente estejam impedidos de adquirir instrumentos financeiros notados (ou cujo emitente seja objecto da notação) abaixo de determinado nível.

Apesar de as principais SNR terem desenvolvido metodologias específicas para a notação destes instrumentos financeiros, alguns Autores afirmam que estas eram desadequadas.[55] É disso exemplo a intervenção da *Standard & Poor's* na notação de um produto financeiro complexo (o *Constant Proportion Debt Obligation* – CPDO), criado pelo *ABN Amro Bank*, traduzindo-se no primeiro caso[56] em que se responsabilizou civilmente

ser acompanhada de relatório de notação de risco, nos termos dos arts. 27.º, n.º 3, al. c) e 46.º, n.º 5 do Decreto-Lei n.º453/99. O conteúdo mínimo desse relatório vem previsto no n.º4 do art.27º do referido Decreto-Lei, desenvolvido pelo art. 3.º do Reg. da CMVM n.º 02/2002. v. Paulo Câmara, "A operação de titularização", *in* Diogo Leite de Campos *et. al.*, *Titularização de créditos*, Lisboa, Instituto de Direito Bancário, 2000, p. 80-81.

[54] As CDO's são transacionadas nos termos da *Rule* 144A do *Securities Act*, que contém deveres de informação mais ligeiros. v. Nicole B. Neuman, "A "Sarbanes-Oxley" for Credit Rating Agencies?: A Comparison of the Roles Auditors' and Credit Rating Agencies' Conflicts of Interests Played in Recent Financial Crises", *in University of Pennsylvania Journal of Business Law*, 3 (2010), p. 925. Sobre o papel das SNR na transação de CDO's v. FCIC, *The Financial Crisis Inquiry Report: Final Report of the National Commission on the Causes of the Financial and Economic Crisis in the United States*, Washington, DC, U.S. Government Printing Office, 2011, p.146 e ss.; Frank Partnoy, "Overdependence on Credit Ratings was a Primary Cause of the Crisis", *in Univesity of San Diego Legal Studies Research Paper Series*, n.º 09-015, julho de 2009.

[55] Sobre o processo de notação nas CDO v. Ingo Fender e John Kiff, "CDO rating methodology: Some thoughts on model risk and its implications", *in Bank for International Settlements (BIS) Working Papers*, n.º 163, novembro de 2004, p.2; Uma perspectiva crítica pode ser encontrada em FCIC, *The Financial Crisis Inquiry Report: Final Report of the National Commission on the Causes of the Financial and Economic Crisis in the United States*, 2011, p. 146 e ss.; Frank Partnoy, "Overdependence on Credit Ratings was a Primary Cause of the Crisis", *in Univesity of San Diego Legal Studies Research Paper Series*, 09-15 (2011), p. 146 e ss..

[56] *ABN AMRO Bank NV v Bathurst Regional Council* [2014] FCAFC 65.

uma SNR nos países de *common law*, julgado pelo Tribunal Federal da Austrália.[57]

A participação das SNR na comercialização destes produtos foi intensificada com a ampliação dos serviços disponibilizados aos emitentes, em especial o *pre-rating assesment*, que consistia num serviço de consultoria ou aconselhamento mediante a suposição de várias operações hipotéticas com o fim de simular a futura notação. Estes serviços poderiam consistir num exercício de um papel ativo por parte das SNR nas elaborações dos próprios produtos, gerando um fenómeno de emissões *rating-driven*.[58]

Uma vez verificado o colapso do mercado imobiliário, já tido por inevitável, procedeu-se a uma revisão massiva das notações atribuídas a estes instrumentos financeiros, gerando consequentemente sucessivos efeitos sistémicos.[59]

[57] v. HARRY EDWARDS, "Liability for the rating and sale of structured credit products: Australian cases and their (much) wider implications", *in Law and Financial Markets Review*, vol. 7, n.º 2, março de 2013, p. 88 e ss.; HARRY EDWARDS, "CRA 3 and the liability of rating agencies: inconsistent messages from the regulation on credit rating agencies in Europe", *in Law and Financial Markets Review*, vol. 7, n.º 4, maio de 2015. p. 186-191; AARUSHI SASHORE, "Case Note - ABN Amro Bank NV v Bathurst Regional Council: Credit Rating Agencies and Liability to Investors", *in Sydney Law Review*, vol. 37, n.º 437, 2015; BRIGITTE HAAR, "Civil Liability of Credit Rating Agencies after CRA 3: Regulatory All-or-Nothing Approaches between Immunity and Over-Deterrence", *in Univesity of Oslo Faculty of Law Legal Studies Research Paper Serwies*, n.º 2013-02, janeiro de 2013, p. 10-13.

[58] LUIGI PIANESI, *Le Agenzie di rating tra privatizzazione di funzione pubbliche e opinioni private "geneticamente modificate*, 2011, p. 179 e ss.; CLAIRE A. HILL, "Regulating the Rating Agencies", *in Washington University Law Quarterly*, 82 (2004), p. 49; FRANK PARTNOY, "How and Why Credit Rating Agencies are Not Like Other Gatekeepers", *in Univesity of San Diego Legal Studies Research Paper Series*, n.º 07-46, maio de 2006, p. 70-71; MICHELE ALESSANDRO DEL VICARIO, *Il ruolo del rating nella crisi della finanza strutturata: ragioni e implicazioni*, 2007/2008, p. 60-62.

[59] FCIC, *The Financial Crisis Inquiry Report: Final Report of the National Commission on the Causes of the Financial and Economic Crisis in the United States*, 2011, p. 148-149. Em 2007, 20% das CDO's notadas pela Moody's foram objeto de *downgrade*, em 2008 a percentagem atingiu 91%.

3.2. Os conflitos de interesse

1. O poder das SNR no mercado torna-as um alvo especialmente vulnerável para a ocorrência de conflitos de interesses. Esta realidade não é exclusiva destas entidades, mas comum a vários prestadores de serviços de interesse público (*gatekeepers*).[60] O tema dos conflitos de interesses corresponde a "um fenómeno poliédrico, cujas diversas dimensões exibem diferentes naturezas, e potenciam abordagens diversas."[61] No presente trabalho os conflitos de interesses apresentam-se especialmente relevantes na medida em que podem constituir uma causa indiciária da motivação subjacente a uma manipulação no processo de notação e sua não divulgação poderá de *per se* realizar o crime.[62]

2. No âmbito de uma SNR é possível identificar uma série de potenciais interesses que conflituem com aquele que deve prevalecer: a qualidade das notações de risco e, consequentemente, o regular funcionamento no mercado[63]. Estes podem ser atribuídos à própria SNR ou a outros sujeitos que a integram, como analistas ou funcionários.[64] Uma vez identificada a SNR como um sujeito essencial na intermediação informacional nos mercados financeiros, os pareceres que estas emitem devem ser independentes e imparciais – "o privilégio de os seus serviços serem reconhecidos como desempenhando um papel importante na regulação do mercado dos serviços financeiros e de estarem acreditadas para desempenhar esta função implica o cumprimento de determinadas obrigações destinadas

[60] Paulo Câmara, "Conflito de interesses no Direito Societário e Financeiro: Um Retrato Anatómico", *in* Paulo Câmara *et. al.*, *Conflito de Interesses no Direito Societário e Financeiro – Um Balanço a partir da Crise Financeira*, Coimbra, Almedina, janeiro de 2010, p. 72, dá-nos conta de uma tendência setorial de aproximação de soluções respeitantes aos conflitos de interesse.

[61] Paulo Câmara, "Conflito de interesses no Direito Societário e Financeiro: Um Retrato Anatómico", *in* Paulo Câmara *et. al.*, *Conflito de Interesses no Direito Societário e Financeiro – Um Balanço a partir da Crise Financeira*, 2010, p. 10.

[62] *Infra* II, 4.1.

[63] Angela Troisi, *Il Ruolo dele Agenzie di Rating nel Mercato Finanziario*, 2014, p. 64.

[64] Lynn Bai, "On Regulating Conflict of Interests in the Credit Rating Industry", *in New York University Journal of Legislation and Public Policy*, Vol. 13, maio de 2010, p. 7 e ss..

a assegurar a sua independência e a imagem pública dessa independência em todas as circunstâncias".[65]

Nesta senda, o enquadramento normativo comunitário em matéria de conflitos de interesse consiste na identificação das situações propícias à sua ocorrência e no estabelecimento de regras de prevenção ou gestão das mesmas que assentam em técnicas diversificadas – proibição de condutas, imposição de regras de organização e funcionamento, bem como obrigações de informação. Este era uma matéria essencial no CRA I, tendo sido posteriormente aprofundada no CRA III.

3. É praticamente unânime que a principal fonte dos conflitos de interesse advém do modelo de remuneração das SNR. A partir dos anos 70 as SNR deixaram de cobrar comissões aos investidores interessados na subscrição das notações, passando a fazê-lo aos emitentes notados.[66]

Com efeito, há um incentivo à atribuição de notações favoráveis aos emitentes de modo a assegurar uma relação duradoura e a continuidade das receitas e, por outro lado, potencia-se a existência do fenómeno de *rating shopping*[67] por parte daqueles, tendentes a contratar a SNR que lhes atribuia melhor notação.[68] Os emitentes também são incitados a estabelecer

[65] Cons. 19 do CRA III.

[66] Richard Sylla, *A Historical Primer on Business of Credit Rating*, 2001, p.24; Frank Partnoy, "How and Why Credit Rating Agencies are Not Like Other Gatekeepers", *in Univesity of San Diego Legal Studies Research Paper Series*, 07-46 (2006), p.62, indicando que em 2005, cerca de 90% das receitas da Moddy's advinha de comissões pagas pelos emitentes. Existem diversas explicações para a alteração do modelo de remuneração. Alguns entendem que o desenvolvimento tecnológico contribuía para um fenómeno de *free-riding*, transmitindo-se as notações a investidores que não as tinham subscrito. v. Claire A. Hill, "Why did rating agencies do such a bad job rating subprime securities", *in Univestity of Pittsburgh Law Review*, 71 (2010), p. 588.

[67] Vasiliki Skreta e Laura Veldkamp, "Ratings Shopping and Asset Complexity: A Theory of Ratings Inflation", *in National Bureau of Economic Research (NBER) Working Paper Series*, n.º 14761, fevereiro de 2009, p. 14 e ss. onde conclui pela correlação entre a complexidade do objeto da notação e as condições favoráveis ao *rating shopping*.

[68] Inclui-se nesta problemática o modelo de pagamento por resultado (*payment by result*). Esta prática consiste no contato, por parte do emitente, com várias SNR para que procedam à notação prevista para determinada emissão. Esta emissão era condicionada à atribuição de uma notação, cujo pagamento dependia do facto de esta vir a ser feita. v. Nina Dietz Legind e Camila Hørby Jensen, "The European Regulation of Credit

uma relação duradoura com a SNR, através de um efeito de "aprisionamento", de molde a não suscitar receios junto dos investidores quanto à sua capacidade creditícia.[69]

A solução gizada pelo Reg. para mitigar este conflito de interesses foi, na versão CRA I, um mecanismo de rotatividade das equipas de analistas e dos comités de notação (n.º 4 do art. 7.º e n.º 8 da Sec. C do An. I do CRA I), bem como um período subsequente no qual as pessoas em causa não podem exercer atividades de notação de risco com a mesma entidade. Na versão CRA III manteve-se este mecanismo de rotação mas procedeu-se a uma distinção consoante a notação seja solicitada ou não (al. d) do n.º 2 do An. I do CRA III). Aditou-se o art. 6.º-B ao Reg., onde se fixa a duração máxima da relação contratual entre a SNR e a entidade objeto da notação em caso de operações retitularização. A fixação máxima da duração contratual pretende fomentar a rotatividade entre as sociedades que operam no mercado, diminuindo o efeito de aprisionamento e incentivando a concorrência.[70]

4. São ainda apontadas como fonte de conflitos de interesses algumas práticas comerciais levadas a cabo por SNR com o intuito de manter ou reforçar as relações contratuais.

Para além da componente predatória de práticas como o *notching* ou o *tying*,[71] a prestação de serviços acessórios, que pode consistir num

Rating Agencies", *in Law in Context*, 30 (2014), p. 125; Lynn Bai, "On Regulating Conflict of Interests in the Credit Rating Industry", *in New York University Journal of Legislation and Public Policy*, 13 (2010), p. 12.

[69] Cons.12 do CRA III.

[70] Todavia, como explica João Calvão da Silva, *Titularização de créditos: Securatization: No coração da crise financeira global*, 2013, p. 179 a rotatividade cinge-se a operações de retitularizaçao e, principalmente, a novas retitularizações com ativos subjacentes do mesmo cedente. Limita-se às SNR registadas e contém uma exceção no segundo par. do n.º 2 do art. 6.º-B. Esta proibição não é aplicável à emissão de notações de risco não solicitadas.

[71] Hugo Moredo Santos, "A Notação de Risco e os Conflitos de Interesses", *in* Paulo Câmara *et. al.*, *Conflito de Interesses no Direito Societário e Financeiro – Um Balanço a partir da Crise Financeira*, 2010, p. 550 e ss; Apesar de estas práticas terem sido aceites pela SEC como informa John Patrick Hunt, "Credit Rating Agencies and the 'Worldwide Credit Crisis': The Limits of Reputation, the Insufficiency of Reform, and a Proposal for Improvement", *in Columbia Business Law Review*, 2009 (2008), p. 17, entre nós podem constituir ilícitos jusconcorrenciais cuja análise extravasa o âmbito do presente trabalho.

envolvimento ativo das próprias SNR na elaboração dos produtos que venham a notar, levou a que o Reg. venha delimitar o objeto da atividade das SNR.[72] Assim, o n.º 4 da Sec. B do An. I do Reg. vem proibir a prestação de serviços de consultoria ou aconselhamento, por parte das SNR, excecionando-se a prestação de serviços complementares, desde que estes não impliquem conflitos de interesses e sejam convenientemente divulgados nos relatórios finais das notações. Com o CRA III esta proibição estende-se às pessoas que detenham direta ou indiretamente pelo menos 5% do capital da SNR ou dos direitos de voto, ou por qualquer outra forma, estejam em posição de exercer uma influência significativa sobre as respetivas atividades comerciais (al. d) do n.º 1 do An. I do CRA III). Já no n.º 5 da Sec. B do An. I do Reg. impõe-se às SNR que assegurem que os analistas ou as pessoas que aprovem as notações não apresentem, formal ou informalmente, propostas ou recomendações no que respeita à conceção de instrumentos financeiros estruturados sobre os quais seja provável que a SNR venha a emitir uma notação.

Outra medida conveniente para obviar a estas práticas traduz-se na imposição da obrigatoriedade de dupla notação para instrumentos financeiros estruturados, com preferência por SNR de pequena dimensão (arts. 8.º-C e 8.º-D), bem como a proibição de recusa de notação com o fundamento de que o objeto notado já o foi por outra SNR quando a que pretende recusar utilize uma notação já existente produzida por essa sociedade (n.º 4 do art. 8.º). Para além de fomentar a concorrência, dá-se um reforço da informação junto dos investidores nestes produtos onda a sua importância é mais premente, permitindo que estes possam comparar os diferentes juízos, bem como os motivos das eventuais divergências.[73]

5. Outra prática que pode ter o intuito de constranger o emitente a contratar a SNR traduz-se na emissão de notações não solicitadas.[74] A notação não solicitada é aquela que não é emitida no cumprimento de um

[72] Cons. 22 do CRA I.

[73] Thomas M. J. Möllers e Charis Niedorf, "Regulation and Liability of Credit Rating Agencies – A More Efficient European Law?", *in European Company and Financial Law Review*, vol. 11, n.º 3, outubro de 2014, p. 341.

[74] Soku Byoun, "Information Content of Unsolicited Credit Ratings and Incentives of Rating Agencies: A Theory", *in International Review of Economics & Finance*, vol. 33, setembro de 2014, p. 338-349.

contrato celebrado entre a entidade objeto da notação e a SNR. Alguns autores veem nesta figura a bondade de redução de conflitos de interesse, na medida em que não há qualquer contacto entre as entidades[75] ou até a identificam como um mecanismo de defesa do mercado contra o *rating shopping*.[76] Alguma jurisprudência dos Estados Unidos afirma que esta modalidade de notação caracteriza o caráter quase jornalístico da atividade, razão pela qual a têm submetido à proteção constitucional da liberdade de expressão aplicável ao jornalismo.

É certo que, como adverte Hugo Moredo dos Santos, a perniciosidade da notação espontânea não pode ser assumida como um dado inquestionável.[77] Todavia, parece certo que esta modalidade de notação comporta uma vocação informativa muito inferior, afetando-se deste modo a sua utilidade para os investidores. Igualmente não se pode concordar com a afirmação de que os efeitos negativos destas notações são diminutos, pois os investidores atribuem-lhes parca confiança.[78] Basta ter em conta a possibilidade da entidade estar sujeita a *rating triggers* para que os efeitos negativos se verifiquem independentemente da confiança dos investidores.[79]

As notações de risco não solicitadas são admitidas pelo Reg. e, aparentemente, são consideradas benéficas.[80] Apenas se exige que no caso de emissão de notação não solicitada se declare, utilizando um código de cores claramente diferenciado, que a entidade objeto da notação ou terceiros com ela relacionada não participou no processo de notação e que a SNR não teve acesso às contas e outros documentos internos relevantes

[75] João Calvão da Silva, *Titularização de créditos: Securatization: No coração da crise financeira global*, 2013 p. 179-180 e cons. 19 do CRA III.

[76] Eva Rosa Danzini, *Agenzie di rating: regolazione, aspetti critici e prospettive di reforma*, 2013/2014, p.32.

[77] Com exemplos em que esta se revela útil, Hugo Moredo Santos, "A Notação de Risco e os Conflitos de Interesses", *in* Paulo Câmara *et. al.*, *Conflito de Interesses no Direito Societário e Financeiro – Um Balanço a partir da Crise Financeira*, 2010, p.555; Eva Rosa Danzini, *Agenzie di rating: regolazione, aspetti critici e prospettive di reforma*, 2013/2014, p. 31.

[78] Fabian Dittrich, *The Credit Rating Industry: Competition and Regulation*, 2007, p.112.

[79] Exemplo paradigmático é o caso *Jefferson County (Colorado) School District v. Moodys Investment Services, Inc.*, primeiro processo nos EUA sobre notações não solicitadas. v. Frank Partnoy, "How and Why Credit Rating Agencies are Not Like Other Gatekeepers", *in Univesity of San Diego Legal Studies Research Paper Series*, 07-46 (2006), p. 71-73.

[80] Cons. 19, 30 e 42 do CRA III.

(n.º 5 do art. 10.º).[81] Igualmente se prevê a obrigatoriedade de informar a entidade objeto de notação não solicitada,[82] com pelo menos 12 horas antes da publicação, da notação a emitir e das principais considerações que a fundamentam, para que estas possam assinalar possíveis erros factuais (n.º 3 da parte I da Sec. D do An. I).

6. Para além de normas específicas dirigidas aos conflitos emergentes do modelo de remuneração predominante e das práticas comerciais a este associado o Reg. tem igualmente em devida conta os conflitos ligados à política comercial da SNR em geral.

Assim, já na versão do CRA I impunha-se uma cisão entre os interesses comerciais da SNR e a independência e exatidão das atividades de notação. Para o efeito, foi criada a obrigatoriedade de se criar um conselho de administração ou supervisão, composta por membros independentes que não estejam envolvidos em atividades de notação e representem pelo menos um terço da composição total e não menos do que dois elementos. A sua remuneração não pode estar ligada ao desempenho comercial da SNR de modo a garantir a sua independência e devem ser dotados de conhecimentos suficientes em matéria de serviços financeiros (par. 3, 4 e 5 do n.º 2 da Sec. A do An. I).

Para além das tarefas cometidas a este órgão da SNR, que se inserem nas regras gerais em matéria de conflitos de interesses, os membros independentes têm funções específicas de acompanhamento do desempenho da empresa, *inter alia*, relativamente a medidas e procedimentos instituídos para assegurar a identificação, a eliminação ou a gestão e divulgação dos conflitos de interesse (par. 6 do n.º 2 da Sec. A do An. I).

O CRA III veio aprofundar a regulamentação dos conflitos de interesse também neste âmbito, criando uma série de normas dirigidas à estrutura acionista da SNR e respetivas relações com entidades notadas ou outras SNR. Assim, o aditado art. 6.º-A determina que os acionistas ou sócios que detenham uma participação igual ou superior a 5% do capital ou dos

[81] Cfr. as especificidades para a divulgação de notações soberanas não solicitadas contidas no n.º 3 do art. 8.º-A.

[82] Tendo em conta a definição de entidade objeto de notação dada pela al. f) do n.º 1 do art. 3.º.

direitos de voto na SNR ou em outra sociedade que detenha poder de controlo ou influência dominante não a pode cumular nos casos previstos no n.º 1 do art. 6.º-A.[83]

Quanto à relação entre acionista e entidade notada, o CRA III veio estender as normas relativas às incompatibilidades de analistas e outros funcionários diretamente ligados ao processo de notação aos investidores da SNR, que constitui o outro grande grupo de fontes de conflitos de interesses.

7. Parece ser possível distinguir as normas relativas a conflitos de interesses dos analistas e demais pessoas envolvidas na emissão de notações de risco (referidas no n.º 1 do art. 6.º) entre proibições absolutas e proibições relativas.[84]

No caso das proibições absolutas, à própria SNR veda-se a possibilidade de emitir notações de risco ou, caso já as tenha emitido, proceder à divulgação imediata de que as mesmas se encontram potencialmente comprometidas e à avaliação imediata da necessidade de reclassificação ou revogação da notação existente. Assim sucede quando: a SNR ou alguma das pessoas referidas detém direta ou indiretamente instrumentos financeiros ou participações na entidade objeto da notação ou de terceiros com ela relacionados;[85] a entidade notada ou terceiro com ela relacionado se encontre numa relação de controlo com a SNR; uma das pessoas referidas seja membro do conselho de administração ou supervisão da entidade notada ou terceiro com ela relacionado. Prevê-se ainda uma cláusula aberta para qualquer tipo de relação que possa causar um conflito de interesse relativamente a um analista que tenha participado no processo de notação ou que a tenha aprovado (n.º 3 da Sec. B do An. I).

[83] São casos ligados à detenção de participação simultânea ou à possibilidade de exercício de poder relevante sobre outra SNR. O limiar dos 5% foi inspirado na Dir.2004/109/CE relativa à harmonização dos requisitos de transparência no que se refere às informações respeitantes aos emitentes cujos valores mobiliários estão admitidos à negociação num mercado regulamentado.

[84] v. Darren J. Kisgen, Matthew G. Osborn e Jonathan Reuter, *Analyst Promotions within Credit Rating Agencies: Accuracy or Bias?*, julho de 2016, onde se analisa a relação entre o rigor das notações atribuídas e as promoções dos analistas na Moody's.

[85] Também aqui se excluem os fundos de investimento coletivo diversificados.

Com o CRA III estas proibições absolutas são estendidas aos casos em que o conflito diga respeito a um acionista ou sócio. Neste caso, há uma proibição absoluta caso a participação seja igual ou superior a 10% do capital social ou dos direitos de voto (ou se encontre nas já referidas posições de poder sobre a sociedade) e uma obrigação de divulgação do comprometimento potencial quando essa participação seja de 5% (n.os 3-A e B da Sec. B do An. I).

Quanto às proibições relativas, estatuem-se uma série de circunstâncias em que apenas algumas pessoas se encontram impedidas de participar no processo de notação, mas a notação pode ser elaborada por outros analistas da SNR. É o caso de detenção de instrumentos financeiros de entidades notadas ou outras com estas relacionadas, em consonância com a proibição absoluta referida, bem como no caso de anterior relação profissional, comercial ou de outro tipo da qual possa emergir um conflito de interesses. Caso se encontrem ligadas ao processo de notação, aqueles sujeitos encontram-se impedidos de adquirir, alienar ou participar na transação de instrumentos financeiros da entidade notada, ou por aquela garantidos ou, de qualquer forma, apoiados. Esta proibição mantém-se no período subsequente de seis meses nos termos do n.º 7 da Sec. B do An. I. O CRA III veio igualmente estender as proibições relativas aos sócios e acionistas.

Esta proibição é consentânea com o regime do abuso de informação privilegiada, impondo-se também à SNR que crie medidas para a sua prevenção, conforme já foi referido.[86] Note-se, todavia, que a circunstância de se aceder a informação privilegiada não determina necessariamente uma repercussão qualitativa na própria notação.[87] Apenas se tem em vista a possibilidade de os analistas ou quaisquer outros sujeitos conseguirem antecipar o efeito que a notação terá no valor da cotação do instrumento notado e, assim, tomarem posições de investimento com esse fundamento.

[86] De resto, estas pessoas devem ser incluídas nas listas de *insiders* nos termos da al. a) do n.º1 do art. 18.º do Reg. 596/2014. e n.º 2-A do art. 10.º. cfr. Ana Sá Couto, "As listas de iniciados e as agências de rating", *in Actualidad Jurídica Uría Menéndez*, 21 (2008), p. 48 e ss.

[87] Hugo Moredo Santos, "A Notação de Risco e os Conflitos de Interesses", *in* Paulo Câmara *et. al.*, *Conflito de Interesses no Direito Societário e Financeiro – Um Balanço a partir da Crise Financeira*, 2010, p. 557 e ss.

8. É ainda possível descortinar normas gerais relativas aos conflitos de interesse. Assim, é uma das principais incumbências do órgão de administração ou supervisão (al. b) do n.º 1 da Sec. A do An. I), enquanto obrigação geral das SNR (n.º 1 do art. 6.º). Para além disso, encontra-se vinculada a criar e manter um departamento independente com a função de verificação do cumprimento (*compliance officer*) das obrigações do Regulamento (n.os 5 e 6 da Sec. A do An. I).

Nos termos do n.º 7 da Sec. A do An. I e do n.º 4 do art. 6.º (aditado pelo CRA III) é necessário criar uma estrutura de controlo interno encarregada de regular as políticas e procedimentos em matéria de conflitos de interesse e a assegurar a independência dos analistas envolvidos no processo de notação relativamente a acionistas, órgãos diretivos e atividade de venda e comercialização, com recurso a procedimentos operativos normalizados sobre governo das sociedades, à organização e à gestão dos conflitos de interesses, que devem ser acompanhados e revistos periodicamente. Devem igualmente manter-se registadas todas as ameaças significativas à independência das atividades de notação de risco, bem como das salvaguardas destinadas para as limitar.

9. Importa ainda referir que o Regulamento contém um mecanismo de alguma razoabilidade, permitindo às SNR de pequena dimensão a isenção de alguns requisitos impostos, mediante pedido fundamentado dirigido à ESMA para o efeito (n.º 3 do art. 6.º).

10. Conclui-se que o Regulamento oferece uma resposta bastante satisfatória e completa em matéria de identificação, prevenção e gestão dos conflitos de interesse, que só o futuro e a experiência permitirão aprofundar. Em virtude da ocorrência de uma situação real ou potencial de conflitos de interesses impõe-se a sua identificação e eliminação ou, se possível, a sua gestão e revelação ao mercado. Paralelamente às medidas destinadas aos conflitos de interesse, ainda que indiretamente desenvolvam um importante papel na sua mitigação, importa ter em conta o regime aplicável à transparência do processo de notação.

3.3. A transparência e a qualidade no processo de notação

1. A escassa transparência que rodeia a atividade de notação em geral foi uma das críticas dirigidas a estes sujeitos.[88] A divulgação adequada e completa dos raciocínios subjacentes a uma notação de risco permite um juízo mais informado por parte dos investidores seus destinatários e facilita uma apreciação crítica. Igualmente constitui uma ferramenta indispensável na supervisão e responsabilização daquelas entidades.

A transparência é alcançada nos mercados financeiros através da imposição de obrigações de informação, que podem consistir na sua divulgação pública ao mercado em geral ou no seu envio, periódico ou ocasional, às entidades de supervisão.[89]

A este desiderato também se dirige a regulamentação europeia, incluindo a transparência nos seus objetivos principais (art. 1.º Reg.) e impondo normas de transparência relativas aos conflitos de interesses e às próprias notações (bem como quanto às metodologias, modelos e principais pressupostos do processo de notação e à divulgação das próprias notações).

2. Quanto às obrigações de divulgação pública em matéria de conflitos de interesse e da potencial afetação de notações já emitidas já se deu conta no subcapítulo anterior.

Em geral, as SNR estão obrigadas às divulgações consignadas na Sec. E do An. I do Reg. (v. art. 11.º). Aqui se incluem divulgações gerais, divulgações periódicas e a elaboração anual de um relatório de transparência.[90] No exercício dos seus poderes de supervisão, a ESMA pode dirigir pedidos de informação às SNR, nos termos do art. 23.º-B.

3. No que diz respeito às metodologias, modelos e principais pressupostos de notação, as normas do regulamento estabelecem um completo regime

[88] FCIC, *The Financial Crisis Inquiry Report: Final Report of the National Commission on the Causes of the Financial and Economic Crisis in the United States*, 2011, p.19

[89] Pedro Boullosa Gonzalez, "Qualidade da informação", *in Cadernos do Mercado de Valores Mobiliários*, n.º 49, dezembro de 2014.

[90] Na divulgação destas informações importa ter em conta o RegD. 2/2015.

de transparência, bem como um conjunto de preceitos dirigidos à assegurar a sua qualidade e acompanhamento permanente. O CRA III veio alargar a regulamentação às perspetivas de notação, reconhecendo a relevância informativa que estes instrumentos desempenham no mercado a par das próprias notações.[91]

Em primeiro lugar, nos termos do n.º 1 do art. 8.º estes elementos devem ser publicamente divulgados, sendo uma das obrigações de divulgação geral prevista na referida Sec. E. Os n.os 2 e 3 do art. 8.º vinculam a SNR à criação de mecanismos relativos à qualidade das notações, devendo assegurar a análise exaustiva da informação disponível e a fiabilidade das fontes, bem como o rigor das metodologias utilizadas. No segundo par. do n.º 4 do art. 8.º prevê-se uma obrigação de fundamentação específica em caso de notação divergente de outra já emitida relativa aos mesmos ativos subjacentes a instrumentos financeiros estruturados.[92]

No n.º 5 do mesmo art. prevê-se a necessidade de monotorização constante das notações de risco e a obrigação de revisão permanente de metodologias e notações emitidas, devendo ocorrer pelo menos uma vez por ano. A revisão de metodologias obriga às condutas previstas no n.º 6 do art. 8º. No cumprimento deste acompanhamento regular é exigida a criação de um departamento com a função de análise periódica, nos termos do n.º 9 da Sec. A do An. I.

4. Importa ainda destacar as normas previstas para a apresentação e divulgação das notações ou perspetivas de notação (art. 10.º). Nos termos da Sec. D do An. I as SNR devem assegurar que as notações emitidas identifiquem o analista de notação de risco principal e a pessoa que assumiu a principal responsabilidade pela aprovação da notação.

Igualmente, as SNR devem garantir que sejam indicadas as fontes substancialmente relevantes utilizadas na elaboração da notação de risco, assim como se houve participação da entidade objeto da notação, se existiram comunicações com essa entidade anteriores à emissão do notação e se esta veio a ser alterada em virtude das mesmas. (al. a) do n.º 2 da parte I

[91] V. Cons. 10.

[92] O CRA III vem impor obrigações de informação acrescidas para este tipo de instrumento financeiro no art. 8.º-B.

da Sec. D do An. I). Devem igualmente garantir que seja fornecida a indicação clara da principal metodologia ou versão da metodologia utilizada para determinada notação, com referência à sua descrição completa, bem como outros elementos destinados ao esclarecimento dos investidores (al. b) do n.º 2 da parte I da Sec. D do An. I). Impõe-se ainda que sejam transmitidas as informações a que se referem as restantes alíneas do n.º 2 da parte I da Sec. D do An. I.

O CRA III veio introduzir o n.º 2-A na parte I da Sec. D do An. I desenvolvendo o conteúdo da obrigação de informação relativa às metodologias, modelos e principais pressupostos de notação.

No n.º 3 da primeira parte da sec. D do An. I impõe-se um pré-aviso às entidades objeto da notação relativamente à publicação, constituído pela notação a emitir e os principais fundamentos, para que as entidades possam assinalar possíveis erros factuais.[93]

O n.º 4 da parte I da Sec. D do An. I prende-se com a necessidade de informação relativa às limitações das notações emitidas, impondo que seja revelada a qualidade da informação em que se basearam. Se a quantidade de informação disponível for reduzida, essa limitação deve ser claramente identificada (1.º par.), se a quantidade de informação disponível ou a complexidade/novidade do tipo de instrumento financeiro não permitir a atribuição de uma notação credível, esta não poderá ser emitida ou, caso já o tenha sido, deve ser retirada.

O n.º 5 determina a importantíssima obrigação de fundamentação das notações de risco ou das perspetivas de notação, tanto nos comunicados à imprensa como nos relatórios de notação, o que se revela fundamental para que os seus destinatários possam avaliar da sua racionalidade.

A parte II da Sec. D do An. I consigna obrigações adicionais relativas à notação de instrumentos financeiros estruturados e a parte III contém obrigações relativas às notações soberanas. Compreende-se a existência de regras específicas para estes dois grupos de notações pois são aqueles a que se tem apontado maiores deficiências à atividade de notação. O CRA III veio reforçar o regime aplicável ao segundo grupo, inserindo o art. 8.º-A para o efeito.

[93] Aplicando-se igualmente às notações não solicitadas nos termos já vistos.

3.4. A dependência regulatória das notações

1. Segundo alguma doutrina económica a atividade das notações de risco está sujeita à teoria do capital reputacional (*Reputational Capital View*). Nos seus termos, as SNR são naturalmente orientadas para a produção de notações rigorosas, na medida em que a procura de notações está intimamente ligada à sua credibilidade. Enquanto "vendedores" de informação, a reputação das SNR seria o seu ativo mais valioso, na medida em que os sujeitos de mercado, através de um investimento de confiança nas suas notações, tomam-nas como próprias na fundamentação de decisões de investimento, prescindindo de uma avaliação autónoma do risco correlato ao investimento. Se as notações se revelassem sistematicamente incorretas os investidores racionais não continuariam a fundar decisões de investimento com base nelas.[94]

Todavia, como demonstra Frank Partnoy, esta visão não consegue apreender a verdadeira essência do atual funcionamento da notação de risco.[95] O Autor identifica um paradoxo nas SNR: o valor informativo das notações tem sido tendencialmente menor, uma vez que a informação das notações já se encontraria introduzida nos mercados, e mais recorrente se revela a incapacidade destas para prever o risco de crédito. Todavia, as receitas das principais SNR e a utilização das suas notações não reflete a quebra da sua credibilidade, antes apresentando tendência contrária.

A explicação avançada por Frank Partnoy e com algum acolhimento na doutrina[96] foi a teoria da licença regulatória (*Regulatory Licence View*). Para o

[94] Frank Partnoy, "The Siskel and Ebert of Financial Markets?: Two Thumbs Down for the Credit Rating Agencies", *in Washington Universtity Law Quarterly*, 77 (1999), p.627--648; Frank Partnoy, "The Paradox of Credit Rating", *in University of San Diego Law & Economics Research Paper*, 20 (2001), p.3-10; Fabian Amtembrink e Jakob de Haan, Credit Rating Agencies, *in De Nederlandsche Bank (DNB) Working Paper*, 278 (2011), p.8-9.

[95] Frank Partnoy, "The Paradox of Credit Rating", *in University of San Diego Law & Economics Research Paper*, 20 (2001); Michael Sabatino, "The Business Model of Rating Agencies between Asymmetric Information and Financial Crises", *in Journal of Economics and Development Studies*, 2 (2014), p.179; Luigi Pianesi, "Le Agenzie di rating tra privatizzazione di funzione pubbliche e opinioni private "geneticamente modificate"", *in Rivista Trimestrale di Diritto Publico*, 1 (2011), p. 193-198.

[96] Algumas críticas em Fabian Dittrich, *The Credit Rating Industry: Competition and Regulation*, 2007, p.63 e ss.; Claire A. Hill, "Regulating the Rating Agencies", *in Washington*

Autor, as SNR deixaram de ser intermediários informacionais, constituindo antes "chaves de acesso" aos mercados, pelo que a falta de rigor das suas notações não se repercute numa diminuição da sua procura. A isto se deve o facto de as notações terem sido acolhidas pelos reguladores como mecanismos de mensurabilidade do risco de crédito, o que corresponde a uma situação de dependência regulatória das notações. Esta inclusão de notações em instrumentos regulatórios leva a que alguns autores atribuam relevo público às notações.[97]

2. A inserção de notações em instrumentos de regulação iniciou-se em 1931 nos EUA e foi consolidada com a criação das *NRSRO's* enquanto sociedades qualificadas para a utilizabilidade das respetivas notações para efeitos regulatórios. O mesmo percurso histórico sucedeu, embora mais tardiamente, na União Europeia, atingindo o seu exponencial máximo com a criação das *ECAI*.[98]

3. No Direito nacional são igualmente múltiplas as referências legais à notação de risco. Assim:

a) As sociedades que apresentem notação de risco da emissão ou do programa da emissão ou da sociedade atribuída por SNR registada não se encontram sujeitas ao requisito de autonomia financeira para a emissão de obrigações por sociedades anónimas nos termos da al. b) do n.º 4 do art. 349.º do CSC;[99]

University Law Quarterly, 82 (2004), p. 64 e ss.; Andreas Kruck, "Resilient blunderers: credit rating fiascos and rating agencies' institutionalized status as private authorities", *in Journal of European Public Policy*, vol. 23, n.º 5, 2016, p. 753-770.

[97] Luigi Pianesi, "Le Agenzie di rating tra privatizzazione di funzione pubbliche e opinioni private "geneticamente modificate"", *in Rivista Trimestrale di Diritto Publico*, 1 (2011), p. 207 afirma que a regulação produz um efeito "Rei Midas", transformando o que orginiariamente nasce como opinião privada em instrumento regulatório com valor público. Em sentido similar, Cristopher Bruner e Rawi Abdelal, "To Judge Leviathan: Sovereign Credit Ratings, National Law, and the World Economy", *in Journal of Public Policy*, vol. 25, n.º 2, agosto de 2005, p. 191-217.

[98] *Supra* I, 2.

[99] Hugo Moredo Santos, "A Notação de Risco e os Conflitos de Interesses", *in* Paulo Câmara *et. al.*, *Conflito de Interesses no Direito Societário e Financeiro – Um Balanço a partir da Crise Financeira*, 2010, p. 490, nota 38.

b) A atribuição da notação mais elevada por parte de todas as SNR competentes que tenham notado um instrumento do mercado monetário determina a sua elevada qualidade para efeitos elegibilidade de fundos de mercado monetário para aplicação de dinheiro entregue por clientes a empresas de investimento, nos termos da conjugação do n.º 6, al. b) do n.º 5 e al. b) do n.º 1, todos do art. 306.º-C do CVM;[100]

c) A apresentação de notação de risco (da própria emissão ou notação de risco de curto prazo do emitente) é um requisito para emissão de valores representativos de dívida de curto prazo (papel comercial) quando seja de acordo com um programa de emissão, nos termos da al. b) do n.º 1 do art. 4.º do Decreto-Lei n.º69/2004, de 25 de março;

d) Também são feitas referências à notação de risco no regime jurídico das operações de titularização de créditos (Decreto-Lei n.º 453/99, de 5 de novembro) de que já se deram conta *supra;*[101]

e) No âmbito do regime aplicável às obrigações hipotecárias e às instituições de crédito hipotecário são feitas referências a notações de risco na al. b) do n.º 1 do art. 17.º (para efeitos de elegibilidade de ativos afetos à garantia de obrigações hipotecárias), no n.º 2 do art. 18.º (para determinação de contrapartes na contratação de "linhas de crédito") e no n.º 2 do art. 20.º (relativo a operações sobre instrumentos financeiros derivados para efeitos de cobertura de riscos).

4. As reservas apontadas à credibilidade das notações para efeitos regulatórios nos últimos anos conduziram a uma tendência legislativa diversa na União Europeia,[102] com naturais repercussões no Direito nacional.

[100] O artigo 306.º-C foi alterado pela Lei n.º 35/2018, de 20 de julho, sendo que nos termos do seu n.º 9 um instrumento do mercado monetário é de elevada qualidade se tiver sido objeto de uma avaliação documentada da qualidade do crédito dos instrumentos do mercado monetário efetuada pela entidade gestora que lhe permita considerar o instrumento financeiro como sendo de elevada qualidade, devendo tal entidade gestora ter em conta (mas não limitar-se) a notação atribuida, nos termos do n.º 10.

[101] *Supra* I, 3.1. cfr. arts. 12.º, n.º 3, 27.º, n.os 3 e 4, 34.º, n.º 3, al. b) e 60.º, n.º 4 do regime mencionado.

[102] FSB, *Principals for Reducing Relience on Credit Rating*, outubro de 2010; ESA, *Discussion Paper – The Use of Credito Ratings by Financial Intermediaries – Article 5(a) of the CRA Regula-*

Em suma, a alteração europeia consiste numa proibição de dependência mecânica das notações de risco e encontra-se espelhada no *Acordo Basileia III*.[103] Neste sentido também seguem as normas consignadas nos arts. 5.º-A, 5.º-B e 5.º-C introduzidas pelo CRA III.

Assim, a Dir. 2013/36/UE dá prevalência a métodos internos para o cálculo dos requisitos dos fundos próprios ou para determinação do risco de crédito e de contraparte, cabendo às autoridades competentes assegurar que as instituições financeiras não dependam única ou sistematicamente de notações de risco externas (n.º 2 do art. 7.º e al. b) do art. 79.º). Igualmente, a Dir. 2013/14/UE veio evitar a dependência exclusiva e mecânica de notações de risco no âmbito dos requisitos prudenciais no que respeita à gestão de riscos por parte de instituições de realização de planos de pensões profissionais, de sociedades gestoras e sociedades de investimento de organismos de investimento coletivo em valores mobiliários e dos gestores de fundos de investimento alternativo.

Em transposição no Direito nacional refira-se o Decreto-Lei n.º 157/2014, que altera o RGICSF. Importa ter em conta os n.os 2 e 3 do art. 115.º-N que obrigam a instituição de crédito a não depender exclusiva ou sistematicamente de notações de risco externas na avaliação de risco de crédito e a atender a informações suplementares relevantes para avaliar a afetação do capital interno, cujo cumprimento é monitorizado pelo Banco de Portugal, nos termos do n.º 10 do art. 116.º-AE. Também importa ter em conta o RGOIC, *maxime* o n.º 6 do art. 79.º, em conjugação com a al. c) do n.º 3 do mesmo art., relativo à política de avaliação e gestão de riscos pela entidade gestora.[104]

tion, , dezembro de 2014; João Calvão da Silva, *Titularização de créditos: Securatization: No coração da crise financeira global*, 2013, p. 186 e ss.; Tobias Bauerfeind, "The Modern Governance and Regulation of Credit Rating Agencies: a legal comparative study to reduce dependency on and relevanc of external ratings in US and european banking supervision", *in The ELSA Law Review*, n.º 1, 2016, p. 117 e ss.

[103] Thomas M. J. Möllers e Charis Niedorf, "Regulation and Liability of Credit Rating Agencies – A More Efficient European Law?", *in European Company and Financial Law Review*, 11 (2014), p. 343-346.

[104] Também o art. 172.º do RGICSF recorre às notações de risco para efeitos similares aos já referidos no art. 306.º-C do CVM, pese embora de modo menos exigente.

3.5. A responsabilidade civil

1. A última grande crítica dirigida ao enquadramento jurídico da atividade de notação de risco traduz-se na ausência de mecanismos de responsabilização[105] que se apresentaria como consequência esperada do seu desempenho nos últimos anos. Para isto contribuiu a imunidade concedida pelo Direito norte americano, incomparável com outros *gatekeepers*.[106]

A principal objeção à responsabilidade civil das SNR, acolhida pela esmagadora maioria da jurisprudência norte-americana, é a sujeição das notações emitidas à proteção concedida pela Primeira Emenda da Constituição à opinião jornalística, pois o processo de recolha e tratamento da informação, bem como a natureza eminentemente subjetiva do juízo, são equiparáveis. É de resto similar à objeção encontrada à responsabilização criminal das SNR, conforme se dará conta no capítulo seguinte.

2. Entre nós, várias foram as tentativas doutrinárias de encontrar um fundamento dogmático sólido para a responsabilidade civil das SNR, com especial destaque para a responsabilidade aquiliana em virtude de violação de norma de proteção, dada a inexistência de negócio jurídico, na maioria dos casos, entre a SNR e os investidores lesados.[107]

Atualmente, o CRA III veio introduzir um regime legal específico para a responsabilidade civil das SNR no art. 35.º-A, obrigando-as a indemnizar investidores ou emitentes, em caso de dolo ou negligência grave, por

[105] Francisco Reigada Pereira, *As agências de Rating e o seu Cavalo de Tróia: o rating enquanto vítima do seu próprio sucesso*, , Lisboa, FDUL, 15 de setembro de 2010, Relatório da disciplina de Direito Financeiro (n.p.), p.29.

[106] Frank Partnoy, "How and Why Credit Rating Agencies are Not Like Other Gatekeepers", *in Univesity of San Diego Legal Studies Research Paper Series*, 07-46 (2006), p. 83-89.

[107] Manuel Carneiro da Frada, "Sociedades e notação do risco (rating) – a proteção dos investidores", *in* (Org:) Armando Marques Guedes *et. al.*, *Estudos em Homenagem ao Prof. Doutor José Lebre de Freitas: Vol II*, 1.ª Ed. Coimbra, Coimbra Editora, julho de 2013, p. 317-324; Manuel Carneiro da Frada, *A Responsabilidade Civil das Agências de Notação do Risco (Rating) - Ensaio de construção dogmático-crítica*, Coimbra, Almedina, 2018; Delfim Vidal dos Santos, *As agências de notação de risco e a crise financeira planetária*, 2012, p. 206-271; Mathias Lehman, "Civil Liability of Rating Agencies: An Insipid Sprout from Brussels", *in Law, Society and Economy (LSE) Working Papers*, n.º 15/2014, 2014.

infrações ao Reg. previstas no An. III e que desse modo afetem as notações emitidas.

Apesar do interesse do problema, uma análise do regime consagrado no Regulamento e das normas nacionais sobre responsabilidade civil aplicáveis à atividade de notação de risco (que não se encontram afastadas nos termos do n.º 5 do art. 35.º-A) obrigaria a reflexões que extravasam o tema do presente trabalho.

CAPÍTULO II

O crime de manipulação do mercado e as sociedades de notação de risco

1. Delimitação do problema

No capítulo anterior procurou-se caracterizar as SNR e atividade que estes sujeitos desempenham nos mercados financeiros. Foram igualmente analisados os principais problemas associados àquela actividade, bem como o enquadramento normativo para a sua mitigação.

Nesta parte do trabalho procede-se à principal questão que cabe tratar – a de saber se os indivíduos que desempenham atividades de notação de risco, no exercício da mesma, podem incorrer na prática do crime de manipulação do mercado, independentemente das consequências sancionatórias previstas no Regulamento europeu já enunciadas.

Para o efeito, irá ter-se em conta uma única modalidade típica do crime – a manipulação "ruidosa" – por ser aquela com vocação para apreender as condutas da atividade principal da SNR, enquanto entidades que desempenham uma função de intermediação informativa (2). Conforme se verá, a subsunção da atividade de notação de risco ao crime de manipulação do mercado passa pela interpretação do conceito de informação enquanto elemento objetivo da tipicidade (3). De seguida, irá analisar-se um conjunto de casos mais problemáticos de molde a avaliar se realizam o tipo de manipulação do mercado (4). Uma última reflexão será dirigida ao problema da autoria e da participação no âmbito da SNR, enquanto organização empresarial complexa (5).

2. A manipulação ruidosa do mercado: estrutura típica e bem jurídico tutelado

1. O crime de manipulação do mercado vem tipificado, no ordenamento jurídico português, no n.º 1 do art. 379.º do CVM.[108] [109] O n.º 3 do mesmo art. contém uma incriminação distinta, consignando um crime específico de omissão pura que se traduz na violação do dever de impedir práticas manipuladoras (n.º 1) no âmbito de um intermediário financeiro.[110]

As modalidades de conduta proibida que a norma encerra podem ser distinguidas, na esteira da doutrina italiana, entre manipulação ruidosa e manipulação silenciosa.[111] No primeiro caso, trata-se de "divulgação de informações falsas, incompletas, exageradas ou tendenciosas", e no segundo, "realização de operações de natureza fictícia ou execução de outras práticas fraudulentas".

[108] Uma leitura histórica que permite compreender a alteração legislativa decorrente da reforma de 1999 encontra-se em FREDERICO DE LACERDA DA COSTA PINTO, *O Novo Regime dos Crimes e Contra-Ordenações no Código dos Valores Mobiliários*, Coimbra, Almedina, maio de 2000, p. 83-86. Com relevantes dados de direito comparado v. ALEXANDRE BRANDÃO DA VEIGA, *Crime de Manipulação, Defesa e Criação de Mercado*, Coimbra, Almedina, dezembro de 2001, p. 16-24. Sobre a evolução do regime sancionatório nacional relativo ao abuso de mercado, cfr. FREDERICO DE LACERDA DA COSTA PINTO, "O Novo Regime Europeu do Abuso do Mercado e Adaptação do Sistema Sancionatório Nacional", in (Coord:) PAULO CÂMARA *et. al.*, *O Novo Direito dos Valores Mobiliários: I Congresso sobre Valores Mobiliários e Mercados Financeiros*, Coimbra, Almedina, dezembro de 2017, p. 33 a 42.

[109] A Lei n.º 28/2017, de 30 de maio, veio alterar o regime sancionatório do direito dos valores mobiliários, introduzindo alterações ao regime jurídico-penal de crimes contra o mercado. A principal alteração introduzida na tipificação do crime de manipulação do mercado traduz-se no alargamento típico da conduta do n.º 1, que passa a abranger a divulgação de informações enganosas. Procedeu-se igualmente à previsão da agravção pelo resultado quando a conduta provar ou contribuir para uma alteração artificial ao regular funcionamento do mercado. Foram aditados os artigos 379.º-A a 379.º-C com tipos especiais de manipulação do mercado em função do objeto da conduta.

[110] FREDERICO DE LACERDA DA COSTA PINTO, *O Novo Regime dos Crimes e Contra-Ordenações no Código dos Valores Mobiliários*, 2000, p. 83 e 95-96.

[111] Esta distinção é atribuída a Catarina Bacari por GONÇALO MELO BANDEIRA, *Abuso de Informação, Manipulação do Mercado e Responsabilidade Penal das "Pessoas Coletivas": "Tipos Cumulativos" e Bens Jurídicos Colectivos na "Globalização"*, Lisboa, Editorial Juruá, 2011, p. 495, propondo, porém, designação diversa, p. 496.

A manipulação através da informação dirigida ao mercado traduz-se, como afirma ALEXANDRE BRANDÃO DA VEIGA, "no reconhecimento pelo legislador do poder da informação como meio de atuação sobre o mercado".[112] A informação sobre valores mobiliários (ou instrumentos financeiros) é um aspeto central de que se ocupa o CVM. Para o efeito, contém nos arts. 7.º a 12.º-E um capítulo com normas gerais sobre a qualidade da informação e algumas específicas para certos "veículos" de informação (como é o caso da auditoria, da notação de risco e da recomendação de investimento).

A tutela da informação nos mercados de valores mobiliários é feita através de um completo regime sancionatório contraordenacional e, para as condutas dotadas de maior danosidade, é reservada a tutela penal.

É neste âmbito que surge a manipulação "ruidosa" do mercado, enquanto modalidade típica de atentado ao seu regular funcionamento, através de uma consciente adulteração do conteúdo ou da forma de uma informação.

2. A norma incriminadora foi parcialmente inspirada na sua congénere italiana, razão pela qual será dedicada alguma atenção à sua doutrina.[113] O legislador nacional inspirou-se no art. 181.º do *Testo unico delle disposizioni in materia di intermediazione finanziaria* (TUF), que continha o crime de *aggiotaggio su strumenti finanziari*, quando alterou a conduta incriminada no CVM, em comparação com o anterior art. 667.º do Código dos Mercados de Valores Mobiliários (CdMVM), que apenas previa a divulgação de "informações falsas ou enganosas". Uma das condutas incriminadas no art. 181.º do TUF era a divulgação de *notizie false, esagerate o tendenziose*, a que o legislador nacional veio autonomizar a possibilidade realização típica através de informação incompleta.

[112] ALEXANDRE BRANDÃO DA VEIGA, *Crime de Manipulação, Defesa e Criação de Mercado*, 2001, p. 41. Para a relação entre informação e crimes contra os mercados v. FRANCESCO MUCCIARELLI, "Gli illeciti di abusi di mercato, la responsabilità dell'ente e l'informazione", *in Rivista trimestrale di diritto penale* dell›economia, n.º 4, 2008, p. 823-861.

[113] ALEXANDRE BRANDÃO DA VEIGA, *Crime de Manipulação, Defesa e Criação de Mercado*, 2001, p. 42.

Com a reforma dos crimes societários em Itália,[114] revogaram-se as várias modalidades de manipulação dispersas pelo ordenamento jurídico italiano,[115] condensando-as no art. 2637.º do Código Civil Italiano (CCit) que coexiste com o art. 501.º do Código Penal Italiano (CPit), que consiga o crime de *Rialzo e ribasso fraudolento di prezzi sul pubblico mercato o nelle borse di commercio.*

Já em 2005, na transposição da DAM, o legislador italiano introduz no TUF o crime de *manipolazione del mercato* (art. 185.º), diminuindo o âmbito da conduta incriminada para apenas a difusão de *notizie false*, acrescentado um ilícito administrativo de manipulação do marcado no art. 187.º-ter para a divulgação de *informazioni, voci ou notizie false o fuorvianti*. Igualmente se reduziu o âmbito da tipicidade do crime de *aggiotaggio* do CCit para os instrumentos financeiros que não sejam cotados nem relativamente aos quais tenha sido feito um pedido de admissão à negociação em mercado regulamentado.

Assim, apesar de o revogado art. 181.º do TUF ter servido de inspiração ao legislador nacional para o alargamento das condutas incriminadas, a atual norma incriminadora seguiu uma evolução oposta à que se verificou no Direito português.

2.1. Quanto ao autor

1. O crime de manipulação do mercado previsto no n.º 1 do 379.º CVM é um *crime comum*[116] tal como a norma italiana. O legislador português manteve a opção político-criminal de exclusivamente punir as pessoas físicas, não alargando a responsabilidade às pessoas coletivas.[117] Inexistindo norma

[114] Maria Beatrice Magro, "Manipolazioni del mercato", *in* (Dir.:) Rodolfo Sacco *et. al.*, *Digesto delle Discipline Penalistiche: Aggiornamento 8*, 4ª Ed., Torino, UTET Giuridica/ Wolters Kluwer, p. 347-351; v. Decreto Legislativo n.º 61, 2002.

[115] Coexistiam os crimes de *aggiotaggio societario* (art. 2628.º CCit), de *aggiotaggio bancario* (art. 138.º do *Testo Unico Bancario*) e o referido 181.º do TUF.

[116] O revogado art. 525.º do CSC que incriminava a manipulação fraudulenta de cotações de títulos era um crime específico porquanto só podia ser cometido por administradores, diretores ou liquidatários, nos termos do seu n.º 1.

[117] Frederico de Lacerda da Costa Pinto, *O Novo Regime dos Crimes e Contra-Ordenações no Código dos Valores Mobiliários*, 2000, p. 34-37.

especial no CVM sobre a matéria, é subsidiariamente aplicável (art. 8.º do CP) a Parte Geral do Código Penal, cujo n.º 1 do art. 11.º determina a exigência de lei expressa (ou a inclusão do crime no catálogo previsto no n.º 2 do mesmo preceito) para a responsabilidade penal de entes jurídicos, o que não se verifica. Assim, a responsabilidade por manipulação do mercado que se pretende apurar no presente trabalho dirige-se exclusivamente a pessoas físicas que integrem a SNR ou de alguma forma estejam envolvidas no processo de atribuição de notação, conforme se verá com maior detalhe em momento posterior.[118]

2.2. O caráter falso, incompleto, exagerado ou tendencioso da informação

1. A conduta típica da manipulação ruidosa do mercado consiste num ato de divulgação de informação falsa, incompleta, exagerada ou tendenciosa. O que na economia do preceito se deva ter por informação e ato de divulgação será aprofundado no ponto seguinte do trabalho. Por agora, importa dar conta das qualidades que essa informação deve revestir para que se realize o tipo.

Como refere Frederico de Lacerda da Costa Pinto, a *ratio* do preceito pretende abarcar qualquer informação "...sem uma correspondência exata com a realidade ou a sua apresentação de uma forma que seja suscetível de induzir os destinatários em erro."[119] O Autor entende que uma informação é falsa se desconforme à realidade descrita; incompleta se omite elementos essenciais para o esclarecimento dos destinatários; exagerada se apresentar uma desconformidade quantitativa em relação à realidade descrita; e tendenciosa se, embora não sendo falsa, induz seguramente representações distorcidas da realidade.

118 *Infra*, II, 5.

119 Frederico de Lacerda da Costa Pinto, *O Novo Regime dos Crimes e Contra-Ordenações no Código dos Valores Mobiliários,*2000, p. 86; Francesco Mucciarelli, "Gli illeciti di abusi di mercato, la responsabilità dell'ente e l'informazione", *in Rivista trimestrale di diritto penale dell'economia,* 4 (2008), p. 841-843.

De molde a distinguir a qualidade da informação ALEXANDRE BRANDÃO DA VEIGA recorre à teoria da comunicação.[120] Para este Autor, uma informação será falsa se existir divergência entre a mensagem e o referente.[121] Será incompleta se o referente não tiver sido totalmente enunciado, procedendo-se a um juízo normativo (informação devida) e de mérito económico (informação necessária para a formação de uma decisão racional do agente económico), confrontando-se a informação completa com a que foi efetivamente divulgada.[122] Já a informação exagerada prende-se com a dimensão qualitativa ("afetiva") da linguagem, recorrendo ao padrão de um emissor de informação típico e racional, de modo a saber como este emitiria a informação.[123] Por seu turno, a informação tendenciosa é aquela que visa, através de um ênfase que saliente um aspeto da realidade em relação a outro, favorecer o seu emissor ou terceiros.[124]

Já JOÃO GOMES DA SILVA[125] entende que informações falsas "são aquelas não conformes aos elementos objetivos do facto". As informações exageradas, na opinião do Autor, contêm elementos de falsidade que recaem sobre "a quantidade do que é afirmado e não diretamente a sua substância". Quanto às informações tendenciosas entende que são aquelas que "embora não sejam falsas, se refiram aos elementos objetivos do facto em circunstâncias de tempo e lugar, e com enquadramento tais, suscetíveis de induzir a uma representação distorcida da realidade", todavia afirma simultaneamente que a informação tendenciosa é "fornec[ida] [n]um *quadro global* que torna a informação falsa". O Autor entende que tanto a informação exagerada como a tendenciosa estariam abrangidas pela falsidade ou o engano, elementos da conduta da norma incriminadora do CdMVM.

[120] ALEXANDRE BRANDÃO DA VEIGA, *Crime de Manipulação, Defesa e Criação de Mercado*, 2001, p. 42-47, oferecendo exemplos jurisprudenciais dos Estados Unidos da América.

[121] ALEXANDRE BRANDÃO DA VEIGA, *Crime de Manipulação, Defesa e Criação de Mercado*, 2001, p. 42.

[122] ALEXANDRE BRANDÃO DA VEIGA, *Crime de Manipulação, Defesa e Criação de Mercado*, 2001, p. 43.

[123] ALEXANDRE BRANDÃO DA VEIGA, *Crime de Manipulação, Defesa e Criação de Mercado*, 2001, p. 43.

[124] ALEXANDRE BRANDÃO DA VEIGA, *Crime de Manipulação, Defesa e Criação de Mercado*, 2001, p. 44.

[125] JOÃO GOMES DA SILVA, "O crime de manipulação de mercado", *in Direito e Justiça: Revista da Faculdade de Direito da Universidade Católica Portuguesa*, Vol. XIV, Tomo I, 2009, p. 212 e ss..

Quanto à informação incompleta, João Gomes da Silva[126] recorre ao CdMVM para a fazer coincidir com o conceito de "informação insuficiente" vertido na al. a) do n.º 2 do art. 161.º, relativo à responsabilidade pelo conteúdo do prospeto.[127] Adverte ainda que a informação incompleta pressupõe a prestação de uma informação, embora com lacunas essenciais à adequada avaliação do investimento, não pretendendo punir a omissão de informação. Igualmente entende que a informação incompleta leva, "em última análise, à falsidade (podendo ser vista como o contraponto da informação exagerada)".

Assim, o Autor parece concluir, embora não o afirme expressamente, que qualquer que seja a característica apontada à informação divulgada irá, em última análise, reconduzir-se à informação falsa. Esta conclusão, em termos similares, é partilhada por algum sector da doutrina italiana e teve algum acolhimento na sua jurisprudência.[128] Contudo, naquele ordenamento jurídico o problema apresenta contornos distintos à luz da atual redação da norma incriminadora e uma vez confrontada com o ilícito administrativo.[129]

[126] João Gomes da Silva, "O crime de manipulação de mercado", *in Direito e Justiça: Revista da Faculdade de Direito da Universidade Católica Portuguesa*, XIV (2009), p. 213.

[127] Nele se previa que a informação é insuficiente quando o prospeto omite informação essencial para adequada avaliação da entidade emitente e do investimento pelo público, nos termos do n.º 1 do art. 144.º do CdMVM.

[128] Renzo Costi e Paolo d'Agostino, "I Reati Bancari", *in* (org.) Astolfo di Amato, *Trattato di Diritto Penale dell'Impresa: Vol. Terzo*, Pádua, CEDAM, 1992, p. 142.; Luigi Alibrandi, "I Reati Bancari", *in* (org.) Astolfo di Amato, *Trattato di Diritto Penale dell'Impresa: Vol. Terzo*, Milão, Giuffrè, 1976, p. 57-59; Luigi Domenico Cerqua, "Reati di aggiotaggio", *in* (a cura di:) Alfredo Gaito *et. al.*, *Digesto delle Discipline Penalistiche*, 4.ª Ed., Aggiornamento 4, Tomo II, Torino, UTET Giuridica, 2008, p. 888-889 e 901. Uma crítica a este entendimento é feita por Alberto Alessandri, "Osservazioni sulle notizie false, exagerate o tendenziose", *in Rivista Italiana di Diritto e Procedura Penale*, Ano XVI, 1973, p. 722-724.

[129] Com a redução do âmbito da norma incriminadora à característica da falsidade a doutrina divide-se quanto à recondutibilidade das notícias exageradas e tendenciosas. Para um enquadramento destas posições v. Mateo Vizzardi, "Manipulazione del Mercato: un "doppio binario" da ripensare?", *in Rivista Italiana di Diritto e Procedura Penale*, Fasc. 2, 2006, p. 704 e ss, maxime p. 721; Annalisa Maccari, *in* (Dir.:) Guiliano Marini, Mario La Monica e Leonardo Mazza, *Commentario al codice penale: Tomo Terzo, UTET, 2002*, p. 2488.

2. O problema aqui em causa traduz-se na dificuldade em estabelecer as claras fronteiras entre os vários conceitos autonomizados pelo legislador do CVM. Aparenta ser uma questão essencialmente dogmática, na medida em que independentemente da característica identificada na informação ou do facto de esta reunir mais do que uma característica, há indiferença para efeitos de realização típica pois são elementos equiparados no plano da tipicidade. Talvez por esta razão alguns Autores não descortinem problema de maior na ausência de uma distinção clara entre estes conceitos, ou também por isso no único processo judicial nacional sobre manipulação informativa o Tribunal considerou (indiferentemente) estar perante informação falsa e incompleta.[130]

Esta dificuldade leva, em última análise, a ponderar pela bondade da manutenção da redação da norma incriminadora ou caminhar com o legislador italiano para um único conceito de informação falsa, complementado por uma cláusula residual de "outras práticas fraudulentas".[131]

3. Ora entende-se que a formulação atual é a melhor pelas seguintes razões: a) o alargamento[132] da norma incriminadora visa captar na tipicidade algumas condutas de divulgação de informação que, embora não contendo declarações falsas, têm aptidão para alterar ilegitimamente o regular funcionamento do mercado mediante indução em erro dos declaratários, dotadas portanto, de lesividade e dignidade penal; b) seria pouco avisado, do ponto vista político-criminal, a redução do âmbito de aplicação

[130] CMVM, *Contraordenações e Crimes no Mercado de Valores Mobiliários: O sistema sancionatório, a evolução legislativa e as infrações imputadas*, 2.ª Ed., Coimbra, Almedina, 2015, p. 183-186. Em causa estava a ocultação de prejuízos nas contas anuais de um banco com ações cotadas decorrentes da negociação de ações próprias adquiridas com financiamento do próprio banco através de sociedades "*off-shore*", tendo sido considerada divulgação de informação falsa e incompleta.

[131] Ponderação similar é feita por Gonçalo Melo Bandeira, *Abuso de Informação, Manipulação do Mercado e Responsabilidade Penal das "Pessoas Coletivas": "Tipos Cumulativos" e Bens Jurídicos Colectivos na "Globalização"*, 2011, p. 510 e ss..

[132] Entende existir um alargamento da norma relativa à formulação do CdMVM, Frederico de Lacerda da Costa Pinto, *O Novo Regime dos Crimes e Contra-Ordenações no Código dos Valores Mobiliários*, 2000, p. 86; Alexandre Brandão da Veiga, *Crime de Manipulação, Defesa e Criação de Mercado*, 2001, p. 45. O alargamento da tipicidade veio a ser reforçado na última alteração ao artigo 379.º do CVM, incluindo a divulgação de informação enganosa.

de uma norma incriminadora de reduzida aplicação judiciária e, consequentemente, de fraco efeito no plano da prevenção. As dificuldades da sua aplicação só sairiam redobradas com tal opção de política legislativa; c) finalmente, e já em resultado das premissas anteriores, a identificação de inadmissíveis lacunas de punibilidade poderia originar um movimento de hermenêutica doutrinária idêntico ao que se verifica em Itália, que força a tipicidade (e, portanto, o princípio da legalidade) do ilícito penal de manipulação do mercado, quer através de uma concretização do conceito de *notizie false* com pouco apego à sua literalidade, quer através de uma leitura muito lata da cláusula dos *altri artifici.*

2.3. O crime omissivo

1. Ainda na análise da conduta típica, agora quanto à estrutura do comportamento, importa avaliar a possibilidade de comissão por omissão da manipulação informativa do mercado.[133] Frederico de Lacerda da Costa Pinto defende que o tipo não abrange a omissão da informação devida, constituindo esta um ilícito contraordenacional, previsto e punido pelo art. 248.º em conjugação com a al. b) do n.º 1 do art. 289.º CVM.[134] Como adverte João Gomes da Silva, "o legislador entendeu optar pela prudência e não incriminar os comportamentos omissivos...".[135] Com esta afirmação o Autor refere-se à circunstância de o legislador nacional ter tipificado exclusivamente uma ação (enquanto conduta ativa) típica – a ação de divulgação.[136] Daqui decorre que na economia do preceito não se encontra um

[133] Ressalva-se da análise, portanto, a chamada manipulação secundária consubstanciada no crime específico de omissão pura previsto no n.º 3 do art. 379.º CVM.

[134] Frederico de Lacerda da Costa Pinto, *Manipulação do mercado: âmbito material e prova judicial*, Lisboa, IDPCC, fevereiro de 2014, Apresentação no IDPCC (n.p.), p. 12.

[135] João Gomes da Silva, "O crime de manipulação de mercado", *in Direito e Justiça: Revista da Faculdade de Direito da Universidade Católica Portuguesa*, XIV (2009), p. 216.

[136] João Gomes da Silva, "O crime de manipulação de mercado", *in Direito e Justiça: Revista da Faculdade de Direito da Universidade Católica Portuguesa*, XIV (2009), nota 79 na p. 216, dá-nos conta de que outra foi a solução seguida pelo legislador germânico, que pune a omissão de "factos desvantajosos" em prospetos, exposições ou balanços sobre o estado patrimonial, nos termos do §264a do *StGB*. Todavia, uma omissão de factos desvantajosos em documento daquele género corresponde, como se verá, à divulgação

crime de omissão pura enquanto modalidade de conduta típica, o que não chega para afastar a possibilidade de comissão por omissão.

2. Uma das possibilidades interpretativas da norma para abarcar a omissão de informar seria incluí-la na informação incompleta. Todavia, como assevera com razão o mesmo Autor, "a informação incompleta pressupõe que alguma informação tenha sido prestada, na qual, no entanto, existam lacunas essenciais à adequada avaliação do investimento feito".[137] Assim, a informação incompleta não visa punir a omissão (total) de informação, mas antes a conduta ativa de divulgação de informação parcial.

Outro caminho hermenêutico poderia ser seguido, também na esteira de João Gomes da Silva, que consiste na subsunção da omissão de informação à terceira cláusula do n.º 1 do art. 379.º. Assim, tendo em conta que uma omissão de factos relevantes pode produzir efeitos idênticos à afirmação de factos com as características típicas, faria sentido reconduzi-lo à cláusula que desempenha uma natureza subsidiária de captação de condutas não subsumíveis às primeiras.[138] Porém, esta via é igualmente de afastar, "pois ao individualizar-se a manipulação ativa através da divulgação de informações, expressamente se exclui a manipulação passiva através da abstenção de informar".[139]

Apesar de compreensível a preocupação do Autor com a lesividade de uma omissão de informação, parece que questão é sobejamente mitigada pelo atual regime contido no CVM. Assim, atentos os principais deveres de informação periódica ao público em geral, poderá ser difícil encontrar uma omissão de informação relativa à "vida societária" que não deva

de uma informação incompleta, pois vem incluída num ato de comunicação. Também o par. 1 do §20a do *WpHG*, pune "quem divulgar informações falsas ou erróneas sobre circunstâncias relevantes para a cotação de instrumentos financeiros ou omitir tais circunstâncias, em violação de preceitos constituídos".

137 João Gomes da Silva, "O crime de manipulação de mercado", *in Direito e Justiça: Revista da Faculdade de Direito da Universidade Católica Portuguesa*, XIV (2009), p. 213.

138 Sobre a função desta cláusula v. Alexandre Brandão da Veiga, *Crime de Manipulação, Defesa e Criação de Mercado*, 2001, p. 52 e ss..

139 João Gomes da Silva, "O crime de manipulação de mercado", *in Direito e Justiça: Revista da Faculdade de Direito da Universidade Católica Portuguesa*, XIV (2009), p. 217. Na doutrina italiana v. Pasquale d'Anelo, "Torna di scena l'aggiotaggio: il caso Parmalat", *in Rivista Trimestrale di Dirirro Penale dell'Economia*, n.º 4, 2010, p. 898 e ss.

ser divulgada em cumprimento daqueles deveres. Se nos documentos de divulgação se omitirem tais factos, estar-se-á perante uma divulgação de informação incompleta, de acordo com a interpretação proposta anteriormente para a característica da incompletude.

3. O Autor refere ainda a possibilidade de inexatidão superveniente da informação divulgada, em sua opinião atípica, porque consubstancia uma omissão de informação não punível dado que o dever geral de atualização das informações divulgadas não tem, "em geral, relevância penal". Parece que a resposta a esta questão passa pela compreensão do que seja divulgação de informação, o que será analisado em momento posterior.[140]

Importa reter que alguns problemas que a doutrina reconduz a uma manipulação omissiva são na verdade comportamentos ativos, porquanto assentem num ato de divulgação prévio. Também neste momento se pode afirmar que apesar de ser discutível a punibilidade da manipulação por omissão numa autoria singular,[141] esta poderá ter relevância no âmbito da comparticipação criminosa, quando se identifique um garante que omita o contributo necessário ao impedimento da realização típica por parte de um autor por ação.[142]

2.4. O requisito da idoneidade da conduta para alterar artificialmente o regular funcionamento do mercado

1. Para além da verificação da conduta típica, a norma incriminadora exige que esta seja "idónea para alterar artificialmente o regular funcionamento dos mercados". A cláusula da idoneidade da conduta leva a maioria da doutrina nacional[143] a concluir pela natureza abstrato-concreta do crime, ou, em formulação diversa, que se está perante um delito de aptidão.

[140] *Infra* II, 3.1.

[141] Miguel Brito Bastos, "Scalping: abuso de informação privilegiada ou manipulação de mercado?", *in Revista de Concorrência & Rregulação*, n.º 9, Ano III, janeiro-março de 2012, nota 64, p. 314; André Lamas Leite, *As "Posições de Garantia" na Omissão Impura: Em Especial, a Questão da Determinabilidade Penal*, Coimbra, Coimbra Editora, p. 64-70.

[142] *Infra* II, 5.1.1. e 5.4.

[143] Frederico de Lacerda da Costa Pinto, *O Novo Regime dos Crimes e Contra-Ordenações no Código dos Valores Mobiliários*, 2000, p. 92; Alexandre Brandão da Veiga, *Crime de*

Este entendimento, mais consentâneo com a literalidade do preceito, corresponde à técnica que melhor salvaguarda o bem jurídico tutelado[144] e põe termo a uma corrente doutrinária que via no preceito do CdMVM um crime de perigo concreto.[145] Na doutrina italiana também se considera estar perante uma incriminação de perigo, inexistindo todavia consenso quanto à modalidade em causa.[146]

Manipulação, Defesa e Criação de Mercado, 2001, p. 83-84; GONÇALO MELO BANDEIRA, *Abuso de Informação, Manipulação do Mercado e Responsabilidade Penal das "Pessoas Coletivas": "Tipos Cumulativos" e Bens Jurídicos Colectivos na "Globalização"*, 2001, p. 486-490; JOÃO GOMES DA SILVA, "O crime de manipulação de mercado", *in Direito e Justiça: Revista da Faculdade de Direito da Universidade Católica Portuguesa*, XIV (2009), p. 231; PAULO DE SOUSA MENDES e ANTÓNIO JOÃO MIRANDA, "A causalidade como critério heurístico – uma demonstração através do exemplo da manipulação de cotações no mercado financeiro", *in Revista Portuguesa de Ciência Criminal*, n.º 2, Ano 15, abril-junho, 2005, p. 167 e ss; MIGUEL BRITO BASTOS, "Scalping: abuso de informação privilegiada ou manipulação de mercado?", *in Revista de Concorrência & Rregulação*, 9 (2012), p. 291 e ss, *maxime* p. 314; CLÁUDIA VERDIAL PINA, "Crime de manipulação do mercado: elementos típicos e recolha de prova", *in Julgar*, n.º 17, 2012, p. 40; PEDRO VERDELHO, *in* (Org:) PAULO PINTO DE ALBUQUERQUE e JOSÉ BRANCO, *Comentário das Leis Penais Extravagantes: Vol. 2*, Lisboa, Universidade Católica Editora, 2011, p. 177.

[144] *Infra* II, 2.7.

[145] Assim o defendia, entre nós, vg, SÉRGIO VASQUES, *A Manipulação do Mercado de Valores Mobiliários*, Valadares, APDMC, 1998, p. 48. O Ac. do TRL de 2 de novembro de 1999, Recurso n.º 3984/99, Relator: Cabral Amaral (in CJ, Ano XXIV, Tomo V, 1999, p. 133-134) considerou que o crime previsto no CdMVM era um crime material ou de resultado. Uma crítica a esta interpretação é feita por FREDERICO DE LACERDA DA COSTA PINTO, *O Novo Regime dos Crimes e Contra-Ordenações no Código dos Valores Mobiliários*, 2000, p. 92 e em idêntico sentido se pronunciou o Desembargador Marques Leitão, votando vencido o referido Ac..

[146] VALERIO NAPOLIONI, *I reati societari: Falsità nelle comunicazioni sociali e aggiotaggio societario: Vol.III*, Milão, Giuffrè Editore, 1996, p. 506-510; LUIGI DONATO e ALESSANDRO PORTOLANO, *in* (Org:) GUIDO ALPA e FRANCESCO CAPRIGLIONE, *Commentario al Testo Unico dele Disposizione in Materia di Intermediazione Finanziaria: Tomo Terzo*, Pádua, CEDAM, 1998, p. 1671-1673; VICENZO MANZINI, *Trattato di Diritto Penale Italiano: Vol.7*, 5ª ed (aggiornata por PIETRO NUVOLONE e GIAN DOMENICO PISAPIA), Reimp., Vol. 7. Torin, UTET, 1986, p. 37-38 e 52-59; LUIGI FOFFANI, "L'aggiotaggio nella società commerciali", *in* (coord.: MAZZACUVA) (Dir:) FRANCO BRICOLA e VLADIMIRO ZAGREBELSKY, *Giurisprudenza sistemática di Diritto Penale: Diritto Penal Commerciale: I reati societari e la tutela penale del mercado: vol. 2*, Torino, UTET, 1990, p. 273-274 e 282-285; SAMUEL SAMORÌ, "L'Aggiotaggio nelle società comerciali", *in* (Dir.:) ASOLFO DI AMATO

2. O delito de aptidão resulta de uma técnica legislativa cara ao Direito penal secundário, e ao Direito penal económico em particular, e traduz-se numa antecipação da tutela jurídico-penal do bem jurídico como em qualquer delito de perigo.[147] Em virtude da sua utilização, o legislador determina abstratamente um modelo de perigo proibido em função de um fim, sendo uma técnica indispensável para a regulação do risco quando não se consiga individualizar uma conduta perigosa.[148]

Inexiste na doutrina consenso quanto à sistematização dos crimes com esta característica, conforme demonstra entre nós Marta Felino Rodrigues,[149] sendo impossível no âmbito do presente estudo aprofundar a questão.

Independentemente do tratamento dogmático do delito de aptidão, o que releva é que este, como refere Jorge de Figueiredo Dias,[150] embora seja formalmente um crime de perigo abstrato, dele se distingue pois o perigo não é um mero motivo de incriminação, antes se exigindo para efeitos de tipicidade uma adequação ou aptidão para a criação do perigo. A conduta dotada de propensão perigosa não vem exaustivamente descrita na norma incriminadora, como sucede nos crimes de perigo abstrato, antes se construindo a norma de conduta em função de uma

(a cura di:) Nicola Mazzacuva, *Trattato di diritto penale dell'impresa: Vol II: i reati societari*, Pádua, CEDAM, 1992, p. 282-283. Conclui-se que a doutrina maioritária italiana considera estar-se perante um crime de perigo concreto. v. todavia Giampero Azzali, "Lineamenti dei delitti de aggiotaggio nell'attuale legilslazione", *in Rivista Trimestrale di Diritto Penale* dell›Economia, Fasc. 4, Vol. 11, 1998, que aparenta aproximar-se de uma formulação coincidente com a de delito de apitdão.

147 Sobre o fundamento material da incriminação de perigo, v. José de Faria Costa, *O perigo em direito penal: contributo para a sua fundamentação e compreensão dogmáticas*, Reimp., Coimbra, Coimbra Editora, 2000, p. 575 e 620 e ss.

148 Paulo de Sousa Mendes e António João Miranda, "A causalidade como critério heurístico – uma demonstração através do exemplo da manipulação de cotações no mercado financeiro", *in Revista Portuguesa de Ciência Criminal*, 15 (2005), p.168-174, onde se analisa o modelo causativo e o modelo finalista de regulação do risco, concluindo-se que o delito de aptidão se traduz no segundo.

149 Marta Felino Rodrigues, *As Incriminações de Perigo e o Juízo de Perigo no Crime de Perigo Concreto: Necessidade de Precisões Conceptuais*, Coimbra, Almedina, 2010, p. 71 e ss..

150 Jorge de Figueiredo Dias, *Direito penal: parte geral: Questões fundamentais: a doutrina geral do crime*, 2.ª Ed., Coimbra, Coimbra Editora, 2007, p. 310-311.

finalidade de não criação de perigo, sendo esse perigo objeto da tipicidade objetiva.[151]

Nestes termos, no delito de aptidão "o legislador não se basta com o perigo, em abstrato, para os bens jurídicos; também não exige em concreto a verificação do perigo; exige que a conduta em abstrato seja perigosa, exige que em concreto, tendo em conta o circunstancialismo envolvente, se verifique que efetivamente naquele caso a conduta era apta a produzir o perigo, não se exigindo a verificação em concreto do perigo".[152]

3. No caso do crime de manipulação do mercado o que se exige é a aptidão lesiva da conduta, aferida *ex ante* mediante um juízo de prognose póstuma, para a alteração artificial do regular funcionamento do mercado,[153] não se exigindo uma concreta alteração para efeitos de realização típica (resultado de dano), nem um concreto perigo dessa alteração (resultado de perigo), daí que se conceba o crime como de mera atividade.[154] É justamente a aptidão lesiva ou a perigosidade da conduta de divulgação de informação que altere o regular funcionamento que a dota de ofensividade penal, sendo que não se verificando essa idoneidade, a conduta apenas constitui ilícito contraordenacional (al. a) do n.º 1 do art. 389.º CVM).[155]

[151] Paulo de Sousa Mendes e António João Miranda, "A causalidade como critério heurístico – uma demonstração através do exemplo da manipulação de cotações no mercado financeiro", *in Revista Portuguesa de Ciência Criminal*, 15 (2005), p.174 e ss.

[152] Helena Moniz, "Aspetos do resultado em direito penal", *in* (Org:) Manuel da Costa Andrade, AA.VV., *Liber Disciplorum para Jorge de Figueiredo Dias*, Coimbra, Coimbra Editora, agosto de 2003, p. 557.

[153] Frederico de Lacerda da Costa Pinto, *O Novo Regime dos Crimes e Contra-Ordenações no Código dos Valores Mobiliários*, 2000, p. 90 e José de Faria Costa, *O perigo em direito penal: contributo para a sua fundamentação e compreensão dogmáticas*, 2000, p. 602 e ss, fazendo referência ao juízo de perigo formulado *ex ante* e confirmado *ex post*. Sobre os conceitos de regularidade e de artificialidade v. Alexandre Brandão da Veiga, *Crime de Manipulação, Defesa e Criação de Mercado*, 2000, p. 68-79.

[154] v. anotação ao art. 2637.º do CCit em Guido Alpa e Vicenzo Mariconda, *Codice Civile*, Tomo III, 3.ª Ed., Milanofiori Assago, Wolsters Kluwer, 2013, p. 2820-2823.

[155] Sobre o ilícito contraordenacional de violação de defesa do mercado v. Frederico de Lacerda da Costa Pinto, *O Novo Regime dos Crimes e Contra-Ordenações no Código dos Valores Mobiliários*, 2000, p. 96. Note-se que a responsabilidade contraordenacional pode ser imputada a título de negligência e a pessoas coletivas (art. 401.º CVM) e em caso de

Uma efetiva alteração do mercado é, todavia, como ensinam PAULO DE SOUSA MENDES e ANTÓNIO JOÃO MIRANDA um critério heurístico para a prova da aptidão da conduta.[156] Embora noutro contexto, já FREDERICO DE LACERDA DA COSTA PINTO afirmava que a verificação do resultado cuja tutela se pretende antecipar pelo delito de perigo é justamente a prova da perigosidade da conduta, ou noutra formulação, uma "comprovação *ex post* da concretização do perigo num certo resultado".[157]

O juízo hipotético a que se tem de recorrer quando não se verifique uma efetiva alteração do mercado – que é do ponto de vista probatório provavelmente o mais elucidativo meio de prova da idoneidade manipulativa – é extremamente complexo e tem de ter em conta o valor mobiliário ou instrumento financeiro em causa, bem como o seu histórico de evolução, a informação disponível e a situação do mercado antes e depois da

concurso de infrações o art. 420.º CVM determina que haja concurso efetivo, sendo o agente responsabilizado por ambas.

[156] PAULO DE SOUSA MENDES e ANTÓNIO JOÃO MIRANDA, "A causalidade como critério heurístico – uma demonstração através do exemplo da manipulação de cotações no mercado financeiro", *in Revista Portuguesa de Ciência Criminal*, 15 (2005); já antes o defendia em PAULO DE SOUSA MENDES, *Vale a pena o direito penal do ambiente?*, Lisboa, AAFDUL, 2000, p. 120, chegando a considerar que neste caso haverá lugar à responsabilização pelo crime agravado pelo resultado, se a sua punibilidade se encontrar prevista, como sucede, por exemplo no 2.º *comma* do art. 501.º do CPit, que expressamente prevê o agravamento da pena se o aumento ou a diminuição do preço das mercadorias ou dos valores se verificar. v. FRANCESCO ANTOLISEI, *Manuale di diritto penale: Parte Speciale: vol. II*, 12.ª ed. [integrata e aggiornata, a cura di Luigi Conti], Milão, Giuffrè Editore, 1997, p.157. A tipificação do crime agravado pelo resultado veio a ocorrer na última alteração ao artigo 379.º do CVM.

[157] O Autor avalia a legitimidade da técnica legislativa de se recorrer a uma condição objetiva de punibilidade, no âmbito do crime de participação em rixa, que consubstancie o resultado cuja tutela se pretende antecipar, cuja verificação permite comprovar a perigosidade da conduta. v. FREDERICO DE LACERDA DA COSTA PINTO, "Ilícito e punibilidade da participação em rixa", *in (*Org:) MANUEL DA COSTA ANDRADE, AA.VV., *Liber Disciplorum para Jorge de Figueiredo Dias*, Coimbra, Coimbra Editora, agosto de 2003, p.887-891; FREDERICO DE LACERDA DA COSTA PINTO, *A Categoria da Punibilidade na Teoria do Crime*, Coimbra, Almedina, 2013, p. 587-592; FREDERICO DE LACERDA DA COSTA PINTO, *Manipulação do mercado: âmbito material e prova judicial*, 2014, p. 16, afirma que "o resultado pode servir de prova confirmativa do perigo (confirmação *ex post* de um juízo *ex ante*)".

divulgação da informação,[158] portanto, terá que se recorrer a máximas de experiência de acordo com o funcionamento do mercado.[159]

O requisito da idoneidade para a alteração do regular funcionamento do mercado é densificado normativamente pela enumeração exemplificativa contida no n.º 2 do art. 379.º CVM. Esta densificação, contudo, não resolve a questão relativa ao juízo de aptidão necessário por referência à conduta, apenas elenca exemplos de alteração artificial do regular funcionamento do mercado, cujos atos que sejam suscetíveis de a causar carecem de identificação casuística.

4. Quando se analisa esta idoneidade em relação à divulgação de informação falsa, incompleta, exagerada ou tendenciosa, o que se exige é que, em virtude de uma distorção da realidade provocada pelo ato de comunicação, haja uma aptidão de alteração do comportamento dos seus destinatários em virtude dessa informação. Pelo facto de serem tomadas decisões de investimento fundadas em informação com caráter decetivo, a artificialidade revela-se por comparação àquele que seria o comportamento em caso de divulgação de informação correta. Há, por parte do manipulador, uma distorção potencial das estruturas do mercado, ou seja, da sua evolução livre de informação com aquelas características.

5. Independentemente da questão de saber se uma notação de risco pode integrar o conceito de informação falsa, incompleta, exagerada ou tendenciosa avance-se que em princípio ela será apta a alterar artificialmente o regular funcionamento dos mercados, tendo em conta a importância que neles desempenha. Naturalmente que não se prescinde da valoração dessa

[158] Frederico de Lacerda da Costa Pinto, *O Novo Regime dos Crimes e Contra-Ordenações no Código dos Valores Mobiliários,* 2000 p.91. Sobre a prova da manipulação veja-se ainda Cláudia Verdial Pina, "Crime de manipulação do mercado: elementos típicos e recolha de prova", *in Julgar,* 17 (2012), p.50. Sobre o SIVAM – sistema informático de vigilância do abuso de mercado, v. Frederico de Lacerda da Costa Pinto, *Manipulação do mercado: âmbito material e prova judicial,* 2014, p. 17 e ss..

[159] Maria Beatrice Magro, "Manipolazioni del mercato", *in* (Dir.:) Rodolfo Sacco *et. al., Digesto delle Discipline Penalistiche: Aggiornamento 8,* 2014, p. 376-378, referindo-se a uma base "ontológica e nomológica do juízo", fundada em "leis científicas e máximas de experiência".

aptidão no caso concreto, tendo que se atender, nomeadamente, à SNR em causa (*vg.*, à sua importância no segmento de mercado em que a notação se insere), ao facto de se tratar de uma primeira notação ou de uma revisão de notação já emitida, ao histórico das alterações provocadas por notações anteriores relativas a valores mobiliários ou a emitentes similares, bem como à novidade ou complexidade do instrumento notado, pois como se viu, a dependência das notações neste caso é mais acentuada.

2.5. O elemento subjetivo do tipo

1. Finalmente, agora quanto aos elementos subjetivos do tipo, a versão atual do crime de manipulação do mercado apenas se basta com o dolo do agente, nos termos gerais dos arts. 13.º e 14.º CP, inexistindo qualquer elemento subjetivo especial, como a obtenção de lucro ou uma intenção fraudulenta.[160] Note-se que o crime é doloso, não estando prevista a punição a título de negligência (art. 13.º CP).

O dolo exigido tem que ser articulado com a natureza de perigo da incriminação.[161] Portanto, são necessários o conhecimento e a vontade[162] de divulgação de informação que terá de abarcar o seu caráter falso, incompleto, exagerado ou tendencioso, bem como a sua potencialidade lesiva de alteração do mercado. Ou seja, terá de se verificar uma consciência voluntária de adoção de um comportamento perigoso, o que revela especiais dificuldades na distinção entre dolo eventual de perigo (punível) e negligência consciente de perigo (não punível). Estas dificuldades saem

[160] Frederico de Lacerda da Costa Pinto, *O Novo Regime dos Crimes e Contra-Ordenações no Código dos Valores Mobiliários*, 2000, p.92-92; Luigi Foffani, "L'aggiotaggio nella società commerciali", *in* (coord.: Mazzacuva) (Dir:) Franco Bricola e Vladimiro Zagrebelsky, *Giurisprudenza sistemática di Diritto Penale: Diritto Penal Commerciale: I reati societari e la tutela penale del mercado: vol. 2*, 1990, p.276-277; Valerio Napolioni, *I reati societari – Falsità nelle comunicazioni sociali e aggiotaggio societario*, 1996, p. 504-506;

[161] Sobre o conteúdo do dolo nos crimes de perigo v. Rui Carlos Pereira, *O Dolo de Perigo: contribuição para a dogmática da imputação subjectiva nos crimes de perigo concreto*, Lisboa, Lex, 1995, p.117 e ss

[162] A construção bipartida do dolo em elemento cognitivo e volitivo está longe de colher unanimidade. v. Frederico de Lacerda da Costa Pinto, *A Categoria da Punibilidade na Teoria do Crime*, 2013, nota 109, p. 978.

redobradas no sistema económico, em que as decisões são tomadas em ambiente de risco, o que potencia situações de charneira entre dolo eventual e negligência consciente, cuja prova da conformação ou não com a realização do facto é árdua. O problema colocado pela imputação subjetiva do crime de manipulação do mercado não apresenta grandes especificidades relativamente à imputação subjetiva noutros crimes de perigo, pelo que não se irá desenvolver a questão.

2.6. A punibilidade da tentativa

1. A tentativa de manipulação do mercado é punível nos termos gerais, pois ao crime corresponde pena superior a três anos de prisão (n.º 1 do art.23.º CP). A punibilidade da tentativa vinha expressamente prevista no n.º 4 do art. 379.º e foi expressamente revogado pela Lei n.º28/2009. Esta revogação, todavia, não consistiu numa despenalização da tentativa de manipulação do mercado, ao contrário do que afirma Paulo Câmara.[163] Acontece que mediante o aumento da medida das penas na incriminação em causa, a existência do n.º 4 tornava-se supérflua atendendo ao regime geral do CP, razão pela qual foi (bem) revogado.[164]

2.7. O bem jurídico protegido pelo crime de manipulação do mercado

1. O bem jurídico-penal protegido pela incriminação é, conforme defende Frederico de Lacerda da Costa Pinto,[165] "a regularidade e eficiência do

[163] Paulo Câmara, *Manual de Direito dos Valores Mobiliários*, 2011, p. 822 e nota 2218.

[164] No mesmo sentido, v. Frederico Simões, "Manipulação do Mercado e Princípio da Legalidade", *in Anatomia do Crime*, n.º 5, janeiro-junho de 2017, Coimbra, Almedina, p. 146 a 148.

[165] Frederico de Lacerda da Costa Pinto, *O Novo Regime dos Crimes e Contra-Ordenações no Código dos Valores Mobiliários*, 2000, p.94-95 e 97-98; Frederico de Lacerda da Costa Pinto, "A Tutela dos Mercados de Valores Mobiliários e o Regime do Ilícito de Mera Ordenação Social", *in* (Org:) Carlos Ferreira de Almeida, AA.VV, *Direito dos Valores Mobiliários: Vol I*, Coimbra, Coimbra Editora, 1999, p.285 e ss, *maxime* 289-292; Gonçalo

mercado de valores mobiliários, através da proteção da qualidade da informação e da transparência do mercado em si mesma", enquanto decorrência da proteção constitucional atribuída ao mercado de valores mobiliários, enquanto fragmento do sistema financeiro, nos termos do art. 101º da Constituição da República Portuguesa.[166] A maioria da doutrina entende estar-se perante um bem jurídico supraindividual,[167] cuja existência é também uma característica própria, embora não exclusiva, do direito penal económico e a intervenção penal na sua tutela é pacificamente aceite pela doutrina.[168]

De facto, a redação da norma incriminadora, abstraída de referências ao património individual de investidores, quer no plano de um dano ou perigo de dano direto, quer no âmbito das finalidades do agente, leva a concluir indiciariamente pela natureza supraindividual do bem jurídico tutelado. Acresce o facto de a manipulação do mercado ser um crime público, ao contrário de exemplos paralelos noutras regulações sectoriais do Direito penal económico (por exemplo, nos crimes contra a propriedade industrial).

MELO BANDEIRA, *Abuso de Informação, Manipulação do Mercado e Responsabilidade Penal das "Pessoas Coletivas": "Tipos Cumulativos" e Bens Jurídicos Colectivos na "Globalização"*, 2011, p. 176 e ss.. Em sentido semelhante, entendendo que o crime protege imediatamente a integridade do mercado de valores mobiliários e, de forma mediata, a tutela do património daqueles que investem nesse mercado, cfr. FREDERICO SIMÕES, "Manipulação do Mercado e Princípio da Legalidade", *in Anatomia do Crime*, 5 (2017), p. 146 a 148.

[166] Na doutrina italiana, v. FRANCESCO ANTOLISEI, *Manuale di diritto penale: Parte Speciale*, 1997, p. 157; LUIGI FOFFANI, "L'aggiotaggio nella società commerciali", *in* (coord.: MAZZACUVA) (Dir:) FRANCO BRICOLA e VLADIMIRO ZAGREBELSKY, *Giurisprudenza sistemática di Diritto Penale: Diritto Penal Commerciale: I reati societari e la tutela penale del mercado: vol. 2*, 1990, p. 260-262.

[167] Assim o entende AUGUSTO SILVA DIAS, *"Delicta in se" e "Delicta Mere Prohibita": Uma Análise das Descontinuidades do Ilícito Penal Moderno à Luz da Reconstrução de uma Distinção Clássica*, Coimbra, Coimbra Editora, 2008, p.768, quanto afirma que não é possível vislumbrar um referente teleológico individual nos tipos que protegem "o correto funcionamento do mercado". Para uma leitura crítica da evolução do sistema italiano de tutela dos mercados financeiros à luz dos interesses protegidos v. FRANCO BRICOLA, "Il Diritto Penale del Mercato Finanziario", *in AA.VV., Scritti di Diritto Penale*, Vol. II, Tomo II, Milão, Giuffrè Editore, 1992, p. 3575-3604.

[168] v. as críticas dirigidas à "Escola de Frankfurt" em JORGE DE FIGUEIREDO DIAS, "O Direito Penal na "Sociedade de Risco"", *in* JORGE DE FIGUEIREDO DIAS, *Temas Básicos da Doutrina Penal: sobre os fundamentos da doutrina penal: sobre a doutrina geral do crime*, Coimbra, Coimbra Editora, abril de 2001, 2001, p.155 e ss..

2. Todavia, parece que estas duas características não são determinantes na categorização do bem jurídico como supraindividual. O mercado, cujo regular funcionamento se pretende proteger, não é uma entidade puramente abstrata, desapegada dos sujeitos que nele intervém. Nesta visão, o correto funcionamento do mercado será o encontro regular entre o património dos investidores e o financiamento dos emitentes, salvaguardado pela punição de condutas atentatórias dessa regularidade.[169] Assim, como adverte Maria Beatrice Magro, "a referência à tutela do mercado financeiro, sem uma referência ao aspeto funcional do mesmo, às suas características e objetivos",[170] arrisca-se a esvaziar o objeto de tutela de valor e conteúdo.

Embora se defenda que o funcionamento do mercado é um valor digno de tutela em si mesmo considerado, a correta definição do bem jurídico tutelado deverá ser a de bem jurídico complexo e misto, dotado de características quer supraindividuais, quer pessoais.[171] Assim, pensa-se que se atinge uma melhor solução, do ponto do vista compromissório, entre a supraindividualidade do mercado de instrumentos financeiros e a individualidade dos patrimónios, confiança e expetativas dos seus intervenientes. Note-se que a distinção não é puramente dogmática, tendo relevância nomeadamente processual para efeitos de legitimidade de constituição de assistente.

[169] Filippo Sgubbi, "Il risparmio como oggeto di tutela penale", *in Il Foro Ftaliano*, vol. CXXVII , parte 4-5, 2004, p. 136 e ss..

[170] Maria Beatrice Magro, "Manipolazioni del mercato", *in* (Dir.:) Rodolfo Sacco *et. al.*, *Digesto delle Discipline Penalistiche: Aggiornamento 8*, 2014, p. 355.

[171] Na doutrina italiana afirma-se que se está perante um crime pluriofensivo ou poliédrico, ofendendo vários bens jurídicos diversos, como conclui Valerio Napolioni, *I reati societari – Falsità nelle comunicazioni sociali e aggiotaggio societario*, 1996, p. 478-479; Samuel Samorì, "L'Aggiotaggio nelle società comerciali", *in* (Dir.:) Asolfo di Amato (a cura di:) Nicola Mazzacuva, *Trattato di diritto penale dell'impresa: Vol II: i reati societari*, 1992, p. 278. Entre nós, embora a propósito do insider trading, José Faria Costa e Maria Elisabete Ramos, *O crime de abuso de informação privilegiada: (insider trading): a informação enquanto problema jurídico-penal*, Coimbra, Coimbra Editora, maio de 2006, p. 37-39.

3. A divulgação de informação enquanto elemento do tipo – os elementos informativos subjacentes ao parecer

A informação, enquanto elemento da conduta típica, assume uma importância central nesta modalidade de manipulação do mercado. Embora numa interpretação lata do conceito de informação se possa afirmar que esta é objeto da conduta de todas as modalidades de manipulação, pois mesmo através da realização de operações de natureza fictícia, em rigor a potencialidade lesiva da conduta reconduz-se à informação que essa operação transmite ao mercado (v.g. pense-se que através de um *circular trading* a alteração artificial que se pode criar no mercado é justamente a "informação" de que o ativo circulado apresenta uma maior liquidez do que o real), o que está em causa no presente trabalho é a transmissão de informação através de um ato de comunicação entre o agente e o público em geral, sendo de reconduzir nesta vertente a informação a um conceito mais restrito.

3.1. Conceito de divulgação – a divulgação enquanto ato de comunicação isolado ou contínuo

1. Em primeiro lugar importa determinar o que se deve entender por divulgação. A maioria da doutrina entende que a divulgação consiste na transmissão de uma informação a um número indeterminado de sujeitos, ou noutra formulação, a informação pode ser considerada divulgada quando não seja possível ao controlar "o círculo de sujeitos que a conheçam", excluindo-se da tipicidade a transmissão a pessoas individuais ou pequenos grupos em via reservada.[172]

[172] Valerio Napolioni, *I reati societari – Falsità nelle comunicazioni sociali e aggiotaggio societario*, 1996, p. 483; Vicenzo Manzini, *Trattato di Diritto Penale Italiano*,1986, p. 42-43; Francesco Antolisei, *Manuale di diritto penale: Parte Speciale*, 1977, p. 158; Luigi Conti, *Diritto Penale Commerciali: Reati ed Illeciti Depenalizzati in Materia di Socità: Vol. Primo*, 2ª Ed., Torino, UTET, 1980, p. 354; Samuel Samorì, "L'Aggiotaggio nelle società comerciali", *in* (Dir.:) Asolfo di Amato (a cura di:) Nicola Mazzacuva, *Trattato di diritto penale dell'impresa: Vol II: i reati societari*, 1992, p. 279; Luigi Foffani, "L'aggiotaggio nella società commerciali", *in* (coord.: Mazzacuva) (Dir:) Franco Bricola e Vladimiro

A esta interpretação parece estar subjacente que o círculo indeterminado de sujeitos a quem a informação tenha sido divulgada é condição para que esta tenha o potencial lesivo exigido pelo tipo. De facto, intuitivamente, uma informação divulgada num sítio da internet acessível ao público em geral terá muito mais impacto do que uma informação divulgada reservadamente. Por isso, aquela será muito provavelmente tida em conta em mais decisões de investimento do que a segunda, e caso seja falsa, poderá causar com maior facilidade uma alteração artificial ao regular funcionamento do mercado.

Este juízo, porém, deve ser feito aquando da avaliação da idoneidade da conduta e parece ser metodologicamente deslocado quando utilizado para determinar o que seja divulgação. Se o conjunto de sujeitos a quem a informação for divulgada é amplo o suficiente para originar uma afetação do bem jurídico é problema a ser resolvido pelo juízo de idoneidade da conduta e terá de ter em conta a natureza dos sujeitos a quem a informação é divulgada e probabilidade *ex ante* de estes a divulgarem a outros.[173]

Caso a informação seja divulgada a um único sujeito ou a um número muitíssimo limitado e se entenda que não se compadeça com o significado de divulgação a responsabilidade do sujeito continua a ter de ser aferida em função das regras de comparticipação criminosa, podendo fundamentar casos de autoria mediata ou de coautoria, conforme se verá em momento posterior.[174]

Zagrebelsky, *Giurisprudenza sistemática di Diritto Penale: Diritto Penal Commerciale: I reati societari e la tutela penale del mercado: vol. 2*, 1990, p. 263-264; Gonçalo Melo Bandeira, *Abuso de Informação, Manipulação do Mercado e Responsabilidade Penal das "Pessoas Coletivas": "Tipos Cumulativos" e Bens Jurídicos Colectivos na "Globalização"*, 2011, p.495.

[173] Maria Beatrice Magro,"Manipolazioni del mercato", *in* (Dir.:) Rodolfo Sacco *et. al.*, *Digesto delle Discipline Penalistiche: Aggiornamento 8*, 2014, p.359; Valerio Napolioni, *I reati societari – Falsità nelle comunicazioni sociali e aggiotaggio societario*, 1996, p.483-484 segue opinião similar, mas todavia prefere reconduzir este caso à cláusula do meio fraudulento", como o faz Filippo Sgubbi, "L'ilicito penale di manipolazione del mercato", *in* Filippo Sgubbi; Désirée Fondaroli e Andrea Francesco Tripodi, *Diritto penale del maercato finanziario: abuso di informazioni privilegiate, manipolazione del mercato, ostacolo alle funzioni di vigilanza della Consob, falso in prospetto: lezioni*, Milão, CEDAM, 2008, p.63.

[174] *Infra*, II, 5.

2. O conceito de divulgação à luz da atividade de notação de risco não oferece especiais dificuldades atendendo ao modelo predominante da sua atuação. As notações são geralmente divulgadas publicamente, a título gratuito ou oneroso, sendo predominante o primeiro. Para efeitos de realização típica é indiferente que a divulgação seja gratuita ou onerosa, mediante subscrição ou mais genericamente aquisição da informação, o relevante é que o agente a divulgue. Todavia, conforme se verá, podem existir problemas quanto à determinação da responsabilidade da entidade objeto da notação (ou emitente dos instrumentos notados) quando divulgue apenas ao analista principal informação que realize o tipo e esta venha a posteriormente ser integrada na notação de risco divulgada.

3. Ainda quanto ao conceito de divulgação, importa saber se este é um ato instantâneo ou duradouro, que é questão pouco tratada pela doutrina mas que assume uma especial importância, nomeadamente, para resolver alguns problemas de distinção entre a ação e a omissão bem como para efeitos de prescrição e de comparticipação.

Francesco Mucciarelli entende que a manipulação do mercado é um crime de consumação instantânea, cuja conduta "se concentra e exaure no momento da difusão" independentemente da difusão ser reiterada, não constituindo uma "situação antijurídica que se estenda no tempo".[175] Todavia, como adverte Valerio Napoleoni, a conduta "executiva do crime pode exaurir-se num único instante (...) ou protelar-se no tempo mediante vários atos do mesmo género ou de género diverso", concluindo pela existência de um crime "eventualmente permanente".[176]

De facto, a manipulação de tipo informativo consuma-se indubitavelmente no momento da divulgação das informações com as características e a idoneidade lesiva exigida pelo tipo. Essa divulgação pode operar

[175] Francesco Mucciarelli, "Il Locus Commissi Delicti Della Manipolazione di Mercato", *in Diritto penale contemporaneo*, 2014, p. 11.

[176] Valerio Napolioni, *I reati societari – Falsità nelle comunicazioni sociali e aggiotaggio societario*, 1996, p. 510; Maria Beatrice Magro, "Manipolazioni del mercato", *in* (Dir.:) Rodolfo Sacco *et. al.*, *Digesto delle Discipline Penalistiche: Aggiornamento* 8, 2014 p. 383; Alexandre Brandão da Veiga, *Crime de Manipulação, Defesa e Criação de Mercado*, 2001, p. 119 e 121.

pelos mais variados meios e suportes, como relatórios, notícias, conferências ou a internet.[177]

5. Uma vez considerada a divulgação um ato de comunicação, esta perdura enquanto existir uma transmissão de mensagem entre declarante e declaratário e nela se pode surpreender uma declaração explícita ou implícita de atualização.

Assim, por exemplo, quando um empresário afirma num direto televisivo que adquiriu determinada empresa, a informação é divulgada e o ato de comunicação esgota-se nesse mesmo instante. Se essa aquisição for falsa e for um fator relevante para a valorização das ações da empresa, haverá a idoneidade de os investidores reagirem à notícia e tomarem decisões de investimento nela baseada e naquele momento se realiza e esgota o crime. Caso diferente seria se o mesmo empresário, em vez de proferir uma afirmação de facto circunscrita no tempo, mantiver no sítio da sua empresa ou noutro qualquer suporte disponível ao público em geral, uma lista de todas as empresas por si detidas, com a afirmação de que esta se encontra permanentemente atualizada. Neste caso, o ato de comunicação é iniciado com a colocação *online* da informação e mantém-se por todo o tempo em que seja acessível ao público, pois a mensagem continua a ser divulgada de modo permanente e aquele que a divulga tem o poder de a todo o tempo terminar com o ato de comunicação, eliminando a referida lista. Se a lista contiver informação falsa nos mesmos termos do exemplo anterior, haverá igualmente uma divulgação de informação falsa. Se, por outro lado, a lista *se tornar* falsa, em virtude da sua não atualização, mantém-se o ato de comunicação pelo tempo em que esta possa ser acedida pelos destinatários.

Em ambos os casos, o emissor tem um completo domínio do facto comunicativo, decidindo o início da transmissão da mensagem, o respetivo conteúdo, bem como o seu termo.[178]

[177] Frederico de Lacerda da Costa Pinto, *O Novo Regime dos Crimes e Contra-Ordenações no Código dos Valores Mobiliários*, 2000, p. 87.

[178] Na perspetiva da atualidade da agressão ao bem jurídico, através do modelo de perigo eleito pelo legislador, se um funcionário da empresa acedesse ilegitimamente à rede informática (art. 6.º da Lei n.º 109/2009 - Lei do Cibercrime) para pôr termo à falsidade seria sustentável que a ilicitude da sua atuação fosse excluída uma vez que a agressão ilícita se encontrava atual.

6. Para além do domínio sobre a extensão temporal do ato de divulgação é relevante distinguir entre a divulgação de uma informação com uma declaração expressa ou implícita de atualização das que não o têm.

Algumas entidades, *maxime* os emitentes de valores mobiliários admitidos à negociação em mercado regulamentado ou que tenham requerido a respetiva admissão, estão vinculadas a vários deveres de informação ao mercado relativos a diversas matérias.[179] No cumprimento desse dever, o legislador pode optar por impor atos de divulgação isolados e periódicos que reflitam determinada realidade, como é o caso dos relatórios e contas anuais (art. 245.º CVM) ou a informação semestral (art. 246.º CVM), bem como determinar a divulgação contínua de informação e respetiva atualização sempre que ocorra uma alteração relevante, como acontece com a informação privilegiada (art. 248.º CVM).

Neste último caso, pode ser discutível se a divulgação pública de informação privilegiada constitui um ato de divulgação contínuo ou antes vários atos de divulgação em virtude da ocorrência do acontecimento divulgado. Todavia, a imposição contida no n.º 7 do art. 244.º CVM pode levar à conclusão de que o ato de divulgação da informação é um ato contínuo, através do qual o emitente divulga permanentemente toda a informação a que se encontra obrigado nos termos legais. Assim, uma "omissão" de divulgação de informação privilegiada não seria uma verdadeira omissão, mas sim uma incompletude ou falsidade da informação que é continuamente divulgada ao público. Haveria neste caso uma afirmação expressa por parte do emitente de que a informação se encontra atualizada, ou implícita, por ser esse o seu dever legal, que gera uma expectativa fundada nos seus destinatários quanto à atualidade da informação.

Outros casos, todavia, afiguram-se mais claros quanto à divulgação contínua de informação e à declaração de que esta se encontra em permanente atualização. Nestes, o cumprimento do dever legal é recortado expressamente através da descrição do dever de atualizar permanentemente a informação divulgada, como sucede com a lista de trabalhadores ou colaboradores com acesso a informação privilegiada prevista no n.º 6 do art. 248.º CVM.

Esta interpretação parece ser a que melhor se adequa à teleologia da norma que incrimina a manipulação informativa. O que está em causa é,

[179] Para além dos deveres gerais consagrados no CVM v. Reg.CMVM n.º 5/2008.

como afirma Maria Beatrice Magro,[180] uma "conduta de interação psíquica" entre quem divulga e a quem é divulgado, em virtude da qual aquele que difunde uma informação de caráter decetivo mantém um controlo sobre a informação verdadeira, criando (potencialmente, pois estamos perante um delito de aptidão) um ascendente enganatório relativamente aos seus destinatários. Mais uma vez se reitera que o crime é doloso, pelo que a manutenção de uma informação disponível ao público, com as características típicas, terá de ser consciente e voluntária.

Assim se resolve com alguma comodidade certos problemas de falsidade ou incompletude supervenientes de informação divulgada, sem se considerar que estamos perante um comportamento por omissão. De facto, existe conduta ativa em todo o momento de transmissão da mensagem, que em virtude da alteração da realidade factual que transmite, se torna falsa ou incompleta.

7. Atendendo ao modelo de divulgação das notações de risco, suas perspetivas, e de outras informações relevantes, imposto pelo Reg. 1060/2009 (em especial, Secs. D e E do An. I) e de que já se deu conta no capítulo anterior, é possível identificar um regime de divulgação contínuo, com garantia de atualização.

No que às notações de risco diz respeito, e atendendo ao dever de revisão destas sempre que ocorra uma alteração nos seus pressupostos ou nas metodologias utilizadas, a sua disponibilização pública e permanente implica que se considere que a notação que se encontra atribuída reflete a opinião presente da SNR (ou mais propriamente dos analistas que detêm a responsabilidade sobre a sua elaboração e revisão) sobre a solvabilidade do objeto da notação tendo em conta toda a informação disponível relevante, nos termos do art. 8.º do Reg.1060/2009.

Assim, a SNR que não proceda à revisão das respetivas notações em função da alteração da informação que lhe subjaz, nem indique que as mesmas se encontram comprometidas em virtude de alteração de pressupostos, metodologias ou conflitos de interesse, não omite informação devida, mas a informação que divulga em contínuo torna-se supervenien-

[180] Maria Beatrice Magro, "Manipolazioni del mercato", *in* (Dir.:) Rodolfo Sacco *et. al.*, *Digesto delle Discipline Penalistiche: Aggiornamento* 8, 2014, p. 358.

temente falsa ou incompleta. Para esta conclusão é necessário proceder à determinação do conceito de informação para efeitos de realização típica da manipulação do mercado e em que medida este pode ser aplicável à atividade de notação de risco, o que se fará em seguida.

3.2. O conceito de informação

1. O principal obstáculo doutrinário à subsunção das notações de risco ao tipo de manipulação do mercado resulta da circunstância de no conceito típico de informação não se incluírem as previsões, críticas, opiniões, rumores ou, de um modo geral, todos os atos de comunicação sem conteúdo informativo, i.e., que não visem descrever factos.

Para além da objeção doutrinária, também é em sentido similar que segue a defesa das SNR, afirmando que o trabalho de notação é equiparável ao trabalho jornalístico, em virtude do qual a notação constitui uma mera opinião e não uma recomendação, escudando-se assim da eventual responsabilidade civil ou criminal.

2. Ora, quanto ao primeiro argumento, importa determinar o que seja informação na economia do preceito em análise. A doutrina entende de forma unânime que informação constitui uma descrição de factos ou de uma realidade,[181] embora alguns Autores chamem à atenção para o caráter impreciso do conceito.[182]

[181] FREDERICO DE LACERDA DA COSTA PINTO, *O Novo Regime dos Crimes e Contra-Ordenações no Código dos Valores Mobiliários*, 2000, p. 87; GONÇALO MELO BANDEIRA, *Abuso de Informação, Manipulação do Mercado e Responsabilidade Penal das "Pessoas Coletivas": "Tipos Cumulativos" e Bens Jurídicos Colectivos na "Globalização"*, 2011, p. 495-496; JOÃO GOMES DA SILVA, "O crime de manipulação de mercado", *in Direito e Justiça: Revista da Faculdade de Direito da Universidade Católica Portuguesa*, XIV (2009), p. 211-212, também chama a atenção para o facto de a informação não ter que ser "financeira".

[182] LUIGI ALIBRANDI, *I Reati Bancari*,1976, p. 208; SAMUEL SAMORÌ, "L'Aggiotaggio nelle società comerciali", *in* (Dir.:) ASOLFO DI AMATO (a cura di:) NICOLA MAZZACUVA, *Trattato di diritto penale dell'impresa: Vol II: i reati societari*, 1992, p. 279; ALBERTO ALESSANDRI, "Osservazioni sulle notizie false, exagerate o tendenziose", *in Rivista Italiana di Diritto e Procedura Penale*, XVI (1973), p. 711 e ss.

A interpretação feita pela doutrina italiana[183] do conceito de *notizie* constante do atual art.185.º do TUF não pode ser acriticamente transposta para o ordenamento português, embora seja indiciariamente útil para compreender o que se pretende incriminar, pois naquele ordenamento coexistem vários tipos legais onde, de um modo simplificado, se punem condutas de transmissão de informação ou de atos de comunicação, coincidentes ou não com o fenómeno da manipulação do mercado, circunstância que determina uma interpretação sistemática que pode limitar o tipo penal.

3. Entre nós, quer no ilícito de mera ordenação social, quer no ilícito penal, o legislador recorre apenas ao conceito de *informação* o que aparenta ter um conteúdo mais amplo do que o de *notizie* no ordenamento italiano. Para a sua concretização deve-se recorrer a um argumento sistemático e teleológico.

Assim, os tipos de crime contra o mercado, consagrados no CVM, estabelecem uma "estreita conexão material e sistemática com outras partes

[183] MARIA BEATRICE MAGRO, "Manipolazioni del mercato", *in* (Dir.:) RODOLFO SACCO *et. al.*, *Digesto delle Discipline Penalistiche: Aggiornamento 8*, 2014, p. 349-360, entende que no conceito de *notizie* se integra toda a informação ou indicação de caráter financeiro, económico, comercial, político ou sindical, devendo ser suficientemente precisa e determinada, bem como dizer respeito a factos objetivos ou acontecimentos já verificados. VALERIO NAPOLIONI, *I reati societari – Falsità nelle comunicazioni sociali e aggiotaggio societario*, 1996 p. 484-486 faz corresponder o conceito à noção de facto, afirmação de ciência, apto a ser apreendido, dotado de suficiente especificidade, determinabilidade e atendabilidade; em sentido próximo se pronuncia LUIGI FOFFANI, "L'aggiotaggio nella società commerciali", *in* (coord.: MAZZACUVA) (Dir:) FRANCO BRICOLA e VLADIMIRO ZAGREBELSKY, *Giurisprudenza sistemática di Diritto Penale: Diritto Penal Commerciale: I reati societari e la tutela penale del mercado: vol. 2*, p. 264; FRANCESCO MUCCIARELLI, *Speculazione Mobiliare e Diritto Penale*, Milão, Giuffrè, Milão, 1995, p. 202 também se refere à informação sobre factos ou acontecimentos já verificados. VICENZO MANZINI, *Trattato di Diritto Penale Italiano*, 1986, p.44 também reforça o caráter suficientemente preciso da *notizie*, sendo indiferente o seu objeto (leia-se, se é de caráter económico, financeiro, político, social, etc.); Já LUIGI CONTI, *Diritto Penale Commerciali: Reati ed Illeciti Depenalizzati in Materia di Socità*, 1980, p. 356, afirma que *notizie* é o acontecimento, dado, ou informação ancorada em factos, que seja suficientemente precisa e específica; FRANCESCO ANTOLISEI, *Manuale di diritto penale: Parte Speciale*, 1977, p. 158-159 segue posição idêntica, assim como RENZO COSTI e PAOLO D'AGOSTINO, "I Reati Bancari", *in* (org.) ASTOLFO DI AMATO, *Trattato di Diritto Penale dell'Impresa: Vol. Terzo*, 1992, p. 141.

do Código (...) onde surgem muitas vezes conceitos que devem ser interpretados com aquelas referências materiais...".[184] Neste sentido, um caminho hermenêutico possível seria o de interpretar o conceito de informação com recurso ao art. 7.º do CVM. No seu n.º 1 delimita-se informação em função do objeto, impondo-se que seja completa, verdadeira, atual, clara, objetiva e lícita, consignando um princípio basilar no Direito dos valores mobiliários: o princípio da qualidade da informação. Já no n.º 2 estende-se o preceituado no n.º 1 às informações *inseridas* em conselho, recomendação, mensagem publicitária ou *relatório de notação de risco.*

Ora, ao distinguir a informação, em si mesma considerada, dos vários veículos ou meios em que esta pode ser transmitida, a uma primeira conclusão se chega: um relatório de notação de risco *não é* uma informação, mas *contém* informação, que, enquanto tal, está sujeita ao princípio da qualidade da informação.

4. Não existindo uma definição legal de informação que possa ser sistematicamente chamada a resolver o problema interpretativo do art. 379.º CVM, mas apenas uma delimitação negativa da informação, relativamente aos meios de divulgação, e positiva, quanto ao seu objeto, a interpretação do conceito terá de se extrair do *telos* subjacente à norma incriminadora, com respeito pela sua literalidade, em obediência ao princípio da legalidade.[185]

Assim, visando reprimir um perigo (abstrato-concreto) de alteração ao regular funcionamento do mercado de valores mobiliários o legislador proíbe a divulgação de informações qualificadas com determinadas características. Atendendo ao sentido comum das palavras uma informação será uma comunicação, que seja suscetível de criar o perigo proibido. Mas também, informação terá de ser uma comunicação suscetível de ser falsa, incompleta, exagerada ou tendenciosa.

[184] Frederico de Lacerda da Costa Pinto, *O Novo Regime dos Crimes e Contra-Ordenações no Código dos Valores Mobiliários,* 2000, p. 16.

[185] Sobre o papel da interpretação teleológica em direito penal e seus limites v. José Faria Costa, *Noções Fundamentais de Direito Penal: Fragmenta iuris poenalis,* 4.ª Ed., Coimbra, Coimbra Editora, setembro de 2015, p. 125 e ss. e Ricardo Robles Planas, *Estudios de Dogmática Jurídico-Penal – Fundamentos, Teoría del Delito y Derecho Penal Económico,* Buenos Aires, Editorial Ibdef, 2014, p. 3 e ss..

Nesta senda, é útil recorrer ao que a doutrina italiana chama de "teste da falsidade"[186] para determinar o que seja uma informação. Esta terá de poder qualificar-se de verdadeira ou falsa, o que leva a excluir de facto as previsões ou as opiniões, que apenas se podem considerar "fundadas ou infundadas" e cingir o conceito à comunicação de uma descrição de uma realidade fática.

5. Todavia, como subtilmente demonstra o n.º 2 do art. 7.º, a opinião, o conselho ou a previsão, embora não sejam em si mesmos uma informação, por dizerem respeito a uma valoração subjetiva e não a uma realidade fática, certa ou errada, contêm informação.

A esta conclusão chega também alguma doutrina italiana. Valerio Napoleoni,[187] a propósito de uma previsão afirmada de que certa sociedade não iria proceder à distribuição de dividendos, insurge-se contra a conclusão a que chegou a *Corte di Cassazione* de não integrar esta previsão no conceito de *notizie*.[188] Como lucidamente observa, "este critério, rigidamente aplicado, comporta o risco de mutilação do âmbito de operatividade da norma incriminadora".[189] Conclui que pelo facto de a previsão se fundar numa valoração futura sobre acontecimentos presentes "é evidente que possa conter uma mensagem implícita inerente a factos já acontecidos e, como tal, integrar o conceito de notícia". Ora no exemplo dado, a previsão de que não se irá proceder à distribuição de dividendos, apesar de ser uma mera previsão subjetiva, traduz-se numa "implícita informação" sobre o deficitário andamento da gestão da empresa, que pode ser verdadeira ou falsa.

[186] Luigi Foffani, "L'aggiotaggio nella società commerciali", *in* (coord.: Mazzacuva) (Dir:) Franco Bricola e Vladimiro Zagrebelsky, *Giurisprudenza sistemática di Diritto Penale: Diritto Penal Commerciale: I reati societari e la tutela penale del mercado: vol. 2*, 1990, p. 1668; Valerio Napolioni, *I reati societari – Falsità nelle comunicazioni sociali e aggiotaggio societario*, 1996, p. 486; Luigi Alibrandi, *I Reati Bancari*, 1976, p. 54.

[187] Valerio Napolioni, *I reati societari – Falsità nelle comunicazioni sociali e aggiotaggio societario*, 1996, p.486-489.

[188] Cass. Sez.II, 7.6.1933. afirma que no mesmo sentido foi o Tribunal de Génova, numa decisão de 28.11.1985 em Valerio Napolioni, *I reati societari – Falsità nelle comunicazioni sociali e aggiotaggio societario*, 1996, nota 45, p.487.

[189] Valerio Napolioni, *I reati societari – Falsità nelle comunicazioni sociali e aggiotaggio societario*, 1996, p.487.

O mesmo Autor dá-nos também um exemplo de juízo de opinião ou crítica que incindivelmente contém informação. Com efeito, a afirmação de que determinado título se encontra sobrevalorizado, facto que também se considera não ser notícia, à luz do Direito italiano, contém implícita uma "inegável informação relativa ao pressuposto lógico subjacente ao juízo", isto é, que a situação económica do emitente não se encontra representada na cotação do título.[190]

Em suma, para que de informação se trate, o importante é que na perceção do seu destinatário, a mensagem, mesmo referente a acontecimentos futuros ou a uma valoração subjetiva, traduza uma comunicação de factos.[191] Trata-se de reconhecer que ao exprimir uma opinião se está perante um ato de comunicação complexo e indissociável, composto pela avaliação subjetiva e os factos reais que a fundamentam.

Desenvolvendo esta questão, LUIGI FOFFANI adverte que é necessário identificarem-se critérios seguros que permitam com segurança razoável determinar os casos em que estamos perante uma mensagem implícita, entendendo que para o efeito é especialmente importante a natureza do sujeito que procede à divulgação. Conclui, em sentido similar ao do Autor anterior, que por exemplo, uma afirmação por parte do administrador de que não serão distribuídos dividendos, gera nos destinatários a confiança de que o juízo do administrador se funda em circunstâncias presentes e das quais ele tem conhecimento.[192]

Também MARIA BEATRICE MAGRO assevera que uma conceção restrita do conceito de *notizie* não se adapta ao mercado financeiro e deve "confrontar-se com a evolução de um sistema normativo que atribui

[190] VALERIO NAPOLIONI, *I reati societari – Falsità nelle comunicazioni sociali e aggiotaggio societario*, 1996, p.487.

[191] VALERIO NAPOLIONI, *I reati societari – Falsità nelle comunicazioni sociali e aggiotaggio societario*, 1996, p. 488. Porém, quando assim não suceda, i.e., quando se trate de genuína crítica ou opinião, com o intuito de enganar o destinatário, defende que se possa subsumir ao emprego de meios fraudulentos. Entre nós defende posição similiar FREDERICO DE LACERDA DA COSTA PINTO, *O Novo Regime dos Crimes e Contra-Ordenações no Código dos Valores Mobiliários*, 2000, p.87

[192] LUIGI FOFFANI, "L'aggiotaggio nella società commerciali", *in* (coord.: MAZZACUVA) (Dir:) FRANCO BRICOLA e VLADIMIRO ZAGREBELSKY, *Giurisprudenza sistemática di Diritto Penale: Diritto Penal Commerciale: I reati societari e la tutela penale del mercado: vol. 2*, 1990, p. 1669.

relevância não só à informação sobre acontecimentos passados, mas sobretudo a informação que diga respeito a acontecimentos futuros e que são compostos de uma componente predominantemente valorativa."[193] Assim, "na concreta realidade da operatividade do mercado financeiro, valoração e informação que diga respeito a factos futuros, mas previsíveis racionalmente, surtem um impacto sobre o mercado e sobre as decisões de investimento e portanto podem apresentar-se como o veículo quase típico da conduta manipulativa." Utiliza também o argumento de que da norma que incrimina o abuso de informação privilegiada é possível extrair "um elemento exegético a favor da recondutibilidade da conduta de difusão de informação, que tenha por objeto um facto futuro, segundo o parâmetro da razoável previsibilidade da sua verificação".[194]

6. Atribuindo-se propriedade às posições expostas sobre a mensagem implícita subjacente à opinião ou à previsão, *a fortiori* se conclui que também haverá informação nos casos em que a mensagem subjacente se encontra *explícita*.

Assim, serão casos de informação explícita subjacente à opinião, previsão ou parecer todos aqueles em que, por vontade do declarante ou por imposição legal, estes atos de comunicação subjetivos devam ser expressamente fundamentados.

É o que paradigmaticamente ocorre com as notações de risco.

7. Conforme se viu no capítulo I, as SNR são intermediários informativos. O seu papel nos mercados é justamente recolher um conjunto muito vasto de informações, sujeitá-las a uma metodologia e apresentá-las ao mercado condensadas num parecer classificatório. A sua importância reside no facto de libertar os outros intervenientes no mercado do ónus de proceder a uma recolha de informação autónoma, por vezes inacessível à maioria dos investidores.

A confiança que lhes foi depositada, quer pelos sujeitos do mercado, quer pelas autoridades reguladoras e legislativas, advém da sua capacidade de

[193] Maria Beatrice Magro, "Manipolazioni del mercato", *in* (Dir.:) Rodolfo Sacco *et. al.*, *Digesto delle Discipline Penalistiche: Aggiornamento 8*, 2014 p. 360.

[194] Maria Beatrice Magro, "Manipolazioni del mercato", *in* (Dir.:) Rodolfo Sacco *et. al.*, *Digesto delle Discipline Penalistiche: Aggiornamento 8*, 2014 p.360.

condensar informação num juízo, feito de forma isenta e através de metodologias de qualidade.

8. Atualmente, para além da divulgação da própria notação – em si mesma, um parecer de caráter subjetivo que não constitui informação – é transmitida a respetiva fundamentação e as metodologias aplicadas. Ora a fundamentação da notação, bem como a metodologia, demonstram ao destinatário o percurso feito pelos analistas no processo de transformação da informação disponível numa condensada opinião, podendo estes confrontar criticamente os respetivos pressupostos. Subsidiariamente, são divulgadas um conjunto de informações relativas à estrutura organizacional e aos conflitos de interesse de molde a que os destinatários das notações possam avaliar a independência das mesmas.

Com efeito, em termos físicos é transmitido maior volume de informação do que de opinião aquando uma emissão de notação de risco.

9. Apesar de esta ser efetivamente um parecer que, isoladamente considerado pode ser considerado atípico, porque não se confunde com informação, já a informação que lhe está subjacente e que permite reconstruir o percurso lógico de valoração de factos, é apta a realizar o tipo de manipulação do mercado, preenchidos os restantes pressupostos do art. 379.º.[195]

[195] A esta conclusão também chega Frederico de Lacerda da Costa Pinto, *Manipulação do mercado: âmbito material e prova judicial*, 2014, p. 13; Helena Bolina, "A Revisão das Diretivas do Abuso de Mercado: Novo Âmbito, o mesmo Regime", *in Cadernos do Mercado de Valores Mobiliários: Ensaios de Homenagem a Amadeu Ferreira*, 51 (2015), p. 25; Também o afirma, embora sem fundamentação, Ricardo Falcão, *Da responsabilidade das agências de notação de risco perante os investidores*, Instituto dos Valores Mobiliário, Lisboa, IVM/FDUL, 2011, Trabalho final no âmbito do regime de avaliação do XV Curso de Pós-Graduação em Direito dos Valores Mobiliários, p. 26-27; Na doutrina italiana, embora relativamente ao conceito de *informazioni* no ilícito administrativo, também concluem de igual modo Désirée Fondaroli, "L'ilicito amministrativo di manipolazione del mercato", *in* Filippo Sgubbi, Désirée Fondaroli e Andrea Francesco Tripodi, *Diritto penale del maercato finanziario: abuso di informazioni privilegiate, manipolazione del mercato, ostacolo alle funzioni di vigilanza della Consob, falso in prospetto: lezioni*, Milão, CEDAM, 2008, p106; Mateo Vizzardi, Manipulazione del Mercato: un "doppio binario" da ripensare?", *in Rivista Italiana di Diritto e Procedura Penale*, 2 (2006), p.704. Em Portugal, o único processo penal por suspeita de manipulação do mercado e abuso de informação privilegiada por parte de

A mesma conclusão se chega quando a informação não subjaz a uma notação de risco definitiva, mas antes a uma perspetiva de notação. Também neste caso, a opinião de uma provável evolução da notação atribuída tem por subjacente um conjunto de informações que a fundamentam. Note-se que é tendência da regulação europeia sobre a matéria, desde o CRA III, uma equiparação de regime jurídico entre a notação e a perspetiva de notação.

10. Ora, rebatido o argumento doutrinário de que a opinião, a previsão ou o parecer são sem mais atípicos cai igualmente por terra o argumento de que a notação é uma opinião equiparável à opinião jornalística, mas importa desenvolver esta conclusão.

Assistiu-se nos Estados Unidos da América, conforme já se deu sumariamente conta, a uma autêntica blindagem jurídica relativamente à responsabilidade civil das SNR com o referido argumento de que a notação se traduz numa mera opinião, precedido de um processo de recolha e análise de informação análogo ao jornalismo, de tal modo que se encontra protegida pela Primeira Emenda.

11. A evolução jurisprudencial começa por excecionar esta proteção no caso *Dun & Bradstreet, Inc. v. Greenmos Builders, Inc*, única pronúncia do Supremo Tribunal Federal sobre a matéria, entendendo que uma notação de risco comunicada exclusivamente a cinco investidores não se encontra protegida pela Primeira Emenda, dado que não constitui *matter of public concern*.[196]

Muito importante foi também o precedente criado no caso *Enron*, onde a propósito de uma eventual negligência por pare de uma SNR, o Tribunal entendeu que a proteção constitucional não era "automática nem absoluta",

SNR conduziu a um arquivamento do inquérito, a 12 de setembro de 2014, proferido nos termos do n.º 2 do 277.º do CPP, ou seja, por inexistência de indícios suficientes da prática do crime (http://dciap.pgr.pt/Atualidades/2014/Rating. pdf).

[196] Chiara Picciau, *La responsabilità delle Agenzie di Rating per Diffusione di giudizi insensate sul mercato finanziario*, 2013/2014, p.48; *Dun & Bradstreet, Inc. v. Greenmoss Builders, Inc.*, 472 U.S. 749; 105 S. Ct. 2939; 86 L. Ed. 2d 593; 1985 U.S. LEXIS 103; 53 U.S.L.W. 4866; 11 Media L. Rep. 2417.

devendo procurar-se no caso concreto os requisitos da sua aplicação às SNR.[197]

Um dos fatores tidos em conta para afastar a proteção constitucional prende-se com o modelo de negócios. Assim, no caso *American Savings Bank*[198] atendeu-se à circunstância de uma SNR raramente proceder a uma notação sem cobrar uma comissão. Posteriormente, no caso *In re Fitch*, o Tribunal distinguiu claramente a diferença entre uma SNR e a atividade jornalística, no sentido de que a primeira é encarregada de prestar um serviço, fornecendo um juízo em relação ao emitente ou à emissão, em colaboração com a entidade ajuizada, contraparte no contrato, assim se distinguindo da figura do jornalista, pelo menos no caso de notação solicitada.[199] À semelhança do primeiro caso referido, também no caso *National Century* se afastou a proteção na medida em que a notação era dirigida a uma pequena classe de investidores institucionais, [200] bem como no caso *Abu Dhabi Commercial Bank*, pelo facto de não ser *widely distribuited*.[201] No caso *Commercial Fincancial Services, Inc.* atendeu-se à circunstância da SNR interagir com a entidade notada, o que causaria falta de independência.[202]

[197] Chiara Picciau, *La responsabilità delle Agenzie di Rating per Diffusione di giudizi insensate sul mercato finanziario*, 2013/2014, p.48; *In re Enron Corporation Securities, Derivatives & "Erisa" Litigation, Mark Newby* et al., *v. Enron Corporation*, et al., 511 F. Sup. 2d 742, 817; 2005 U.S. Dist. LEXIS 4494, 199 (S.D. Tex. Feb. 2005).

[198] Rachel Jones, "The Need for a Negligence Standard of Care for Credit Rating Agencies", *in William & Marry Bussines Law Review*, vol. 1, n.º 1, 2010, p. 217; *Am. Sav. Bank, FSB v. USB PaineWebber, Inc.*, No. M8-85, 2002 WL 31833223, at 3 (S.D.N.Y. Dec. 16, 2002).

[199] Chiara Picciau, *La responsabilità delle Agenzie di Rating per Diffusione di giudizi insensate sul mercato finanziario*, 2013/2014, p. 49; In re Fitch, Inc., 330 F.3d 104; 2003 U.S. Ap. LEXIS 9806 (2d Cir. May 21, 2003).

[200] Rachel Jones, "The Need for a Negligence Standard of Care for Credit Rating Agencies", *in William & Marry Bussines Law Review*, 1 (2010), p.217; *In re Nat'l Century Fin. Enters., Inc.*, 580 F. Sup. 2d 630, 640 (S.D. Ohio 2008).

[201] *Abu Dhabi Commercial Bank v. Morgan Stanley & Co.*, 651 F. Sup. 2d 155,175-76 (S.D.N.Y. 2009).

[202] Chiara Picciau, *La responsabilità delle Agenzie di Rating per Diffusione di giudizi insensate sul mercato finanziario*, 2013/2014, p.52; *Commercial Fin. Servs., Inc. v. Arthur Anderson LLP*, 94 P.3d 106, 110 (Okla.Civ. Ap. 2004).

12. Destes casos resulta uma tendência que consiste no estabelecimento de diferenças entre a atividade de notação de risco e a atividade jornalística. Todavia, mesmo que materialmente existisse uma equiparação entre ambas as realidades, esse facto não serve de exclusão liminar de responsabilidade, pelo menos nos ordenamentos jurídicos português e italiano.

Nesse sentido, note-se que no ordenamento italiano, o revogado art. 181.º do TUF previa no seu n.º 3 uma agravação da pena se o facto fosse cometido através da imprensa. Atualmente, a manipulação do mercado praticada através de órgãos de comunicação social vem expressamente prevista na al. c) do n.º 1 do art. 12.º do Reg. 596/2014 (Regulamento Abuso de Mercado - RAM), aplicável diretamente no ordenamento jurídico português, bem como no n.º 2 do art. 187.º-ter do TUF que prevê o ilícito administrativo. Já no anterior regime da DAM a parte final do n.º 2 do art. 1.º se previa um exemplo de manipulação, reconduzida doutrinariamente à figura do *scalping*, que assenta parcialmente numa emissão de opiniões através do acesso pontual a meios de comunicação social.[203]

Assim, o jornalista enquanto autor do ilícito ou, de um modo geral, a comissão do crime através de um órgão de comunicação social, é juridicamente possível.[204] Como se viu, as opiniões são um meio idóneo de divulgação de informações, podendo as mesmas ser veiculadas por um jornalista, atendendo-se neste caso às regras que regem a respetiva profissão. Ora, se o acesso a um órgão de comunicação social é um mecanismo de divulgação de informações, porventura com um maior alcance quanto ao número de destinatários, o mesmo sucede com maior premência

[203] É discutível de que se trate de uma modalidade de manipulação informativa e não operativa, quando a ilicitude da conduta assenta na realização de operações – tomada de posição de investimento – em proveito da emissão de opiniões. A figura não foi pensada para a SNR mas sim para a recomendação de investimento v. Miguel Brito Bastos, "Scalping: abuso de informação privilegiada ou manipulação de mercado?", *in Revista de Concorrência & Rregulação*, 9 (2012); Helena Bolina, "A Revisão das Diretivas do Abuso de Mercado: Novo Âmbito, o mesmo Regime", *in Cadernos do Mercado de Valores Mobiliários: Ensaios de Homenagem a Amadeu Ferreira*, 51 (2015), p. 24 e ss..

[204] Frederico de Lacerda da Costa Pinto, "O Direito de Informar e os Crimes de Mercado", *in Cadernos do Mercado de Valores Mobiliários*, Lisboa, CMVM, Primeiro Semestre, n.º 2, 1998, p. 97 e ss..; Gonçalo Melo Bandeira, *Abuso de Informação, Manipulação do Mercado e Responsabilidade Penal das "Pessoas Coletivas": "Tipos Cumulativos" e Bens Jurídicos Colectivos na "Globalização"*, 2011, p. 497 e ss..

quanto a SNR. Note-se que o círculo de agentes idóneo para a prática do crime circunscreve-se a pessoas singulares, logo, o agente pratica o crime aproveitando-se da posição que desempenha e da possibilidade fática de realização que a mesma permite, para divulgar a informação com as características típicas.[205]

13. Conclui-se, em suma, que a notação de risco é suscetível de constituir uma divulgação de informação falsa, incompleta, exagerada ou tendenciosa e, portanto, um meio idóneo de realização típica da manipulação do mercado. A identificação dos casos em que isso possa suceder é sempre casuística e carece de uma ponderação no caso concreto pois, neste sentido, o crime de manipulação do mercado tem uma estrutura aberta, apta a captar na tipicidade uma grande variedade de comportamentos.

No ponto seguinte procede-se à análise de alguns dos principais problemas relativos à atividade de notação de risco, já identificados no Reg. 1060/2009, mas que podem constituir uma manipulação do mercado.

4. Casuística exemplificativa de possível realização típica

4.1. A não divulgação do conflito de interesses e a informação incompleta ou falsa

1. Um dos principais problemas associado à atividade de notação de risco é a ocorrência de conflitos de interesses que se refletam numa quebra da independência dos sujeitos e, consequentemente, numa afetação da qualidade das notações de risco.

Conforme foi visto, o Reg. 1060/2009 adereça um amplo conjunto de normas, com soluções heterogéneas, no sentido da identificação, prevenção e gestão de conflitos de interesses. O que importa agora analisar é a relevância de uma situação de conflitos de interesses para o tema da manipulação do mercado.

[205] Helena Bolina, "A Revisão das Diretivas do Abuso de Mercado: Novo Âmbito, o mesmo Regime", *in Cadernos do Mercado de Valores Mobiliários: Ensaios de Homenagem a Amadeu Ferreira*, 51 (2015), p.24 e ss..

2. Estando um sujeito numa situação de conflitos de interesses existe uma presunção de perigosidade de que essa circunstância determine o sujeito a atuar de acordo com um interesse que não o da qualidade da notação emitida. Todavia, as situações previstas no Regulamento são muito diversas e nem todas apresentam a mesma potencialidade de afetação da notação de risco. Por exemplo, é muito mais provável que um conflito de interesses referente ao analista principal tenha reflexos na notação do que um outro conflito de interesses relativo a uma posição de investimento de um administrador, dado que a capacidade de influência material do primeiro sobre uma concreta notação emitida é muito superior.

Assim, é possível fazer uma leitura desta situação que parta do princípio de que o caráter decetivo resultante de não divulgar aos destinatários da notação uma situação de conflitos de interesse que a afete é, por si só, uma omissão de uma informação necessária para que o destinatário possa proceder a uma avaliação autónoma da qualidade da informação. A informação divulgada seria uma informação incompleta, por omitir uma parcela de informação necessária, que caso fosse divulgada seria apta a alterar o comportamento dos seus destinatários e, portanto, gerar uma alteração artificial ao regular funcionamento do mercado.

Não está em causa uma conduta omissiva propriamente dita, mas sim a conduta (ativa) de divulgação de uma notação a que acresce uma omissão parcial de um facto relevante atinente à situação de conflito de interesses.

3. Outra abordagem possível, atendendo às regras que a SNR tem de obedecer em matéria de identificação de conflitos de interesses, passa por considerar que os sujeitos que são obrigados à divulgação de conflitos de interesse transmitem permanentemente uma mensagem ao público quanto aos conflitos em que possam figurar. Neste sentido, autonomiza-se a informação relativa a conflitos de interesses da informação subjacente às notações emitidas e consubstanciaria uma divulgação de informação falsa, dado que o sujeito está permanentemente a afirmar a sua situação nessa matéria.

4. A distinção apresentada não é determinante pois em termos de tipicidade o relevante é que a informação apresente uma das características elencadas na norma incriminadora. Igualmente não parece ser relevante

que o sujeito tenha efetivamente influenciado o resultado da notação para decidir da realização do tipo. Dado que o crime em apreço é um delito de aptidão o que importa é saber se o conflito de interesses é uma informação que, uma vez omitida, seja idónea a alterar o regular funcionamento do mercado. Ora não se exigindo o perigo concreto dessa alteração, uma omissão desse género será abstratamente apta gerar esse perigo em função da potencialidade de se vir a repercutir na notação emitida. Essa potencialidade seria percecionada pelos destinatários e quanto maior se revelar, mais apta será a determiná-los a não confiarem na notação emitida e, consequentemente, a não a tomarem em consideração nas suas decisões de investimento.

5. Em suma, uma não revelação de um conflito de interesses deve ser qualificado como uma divulgação de uma informação incompleta ou falsa. Posteriormente, será necessário proceder a um juízo de prognose póstuma de modo a determinar se essa informação tinha capacidade de alterar o comportamento dos destinatários, sem que essa alteração se tenha efetivamente verificado.

4.2. A notação de risco não solicitada e a informação incompleta

1. Outro problema apontado à atividade de notação de risco traduz-se na emissão de notações não solicitadas, em especial quando estas configurem um meio de pressão comercial para que a entidade notada contrate os serviços da SNR. A principal diferença desta modalidade de notação reside no facto de a entidade notada não participar no processo de notação, o que pode levar a uma diminuição do manancial informativo que sustenta o juízo emitido sobre a sua solvabilidade.

2. Porém, o Regulamento admite esta modalidade de notação, desde que devidamente identificada e que a sua emissão seja precedida de um contacto com a entidade notada para que esta possa fornecer informações relevantes, apesar de não ter participado no processo em momento anterior. Acresce que, atendendo ao regime de divulgação de informação privilegiada existente, é muito residual a possibilidade de existirem informações

relevantes para a notação que não se encontrem publicamente disponíveis. Finalmente, refira-se que existe uma proibição geral de emissão de notações quando não estejam disponíveis informações suficientes para uma correta avaliação do objeto da notação.

3. Assim, a notação de risco não solicitada não apresenta especiais diferenças da notação solicitada quanto à possibilidade de conter informação falsa ou incompleta. Se os analistas que integrem a SNR não dispuserem de informações suficientes para proceder a uma correta avaliação deverão abster-se de emitir a referida notação, independentemente de esta ser solicitada ou não.

Todavia, alguns casos podem apresentar-se de difícil resolução na medida em que a SNR mantém uma relativa liberdade de determinar o que seja a informação relevante para proceder ao juízo, pois essa faculdade ainda se integra naquilo que é a opinião subjacente à notação. Importa, no caso concreto, determinar se essa delimitação é ou não razoável de acordo com as regras profissionais da atividade de notação de risco, bem como ter em conta os fatores tidos por relevantes nas notações anteriormente efetuadas a emitentes ou valores com características similares. Apesar da referida liberdade, uma notação de risco conscientemente infundada traduz-se numa divulgação de informação incompleta, na medida em que a opinião emitida baseia-se num conjunto de informações lacunar. Note-se que não está em causa a "falsidade" da notação enquanto opinião, mas antes a incompletude da informação que lhe está subjacente e que com ela é indissociavelmente divulgada ao mercado.

4.3. A metodologia da notação de risco e a informação exagerada ou tendenciosa

1. À semelhança do caso anterior, também a metodologia da notação é um relativo espaço de liberdade da SNR, pois esta é o conjunto de pressupostos lógicos que conduzem à opinião final extraída a partir da informação que lhe é submetida. Com efeito, é a metodologia utilizada que permite condensar a informação na notação de risco, e à SNR é lícito determinar, como em qualquer opinião, quais os fatores que considera mais ou menos

relevantes na interpretação de determinada realidade. A sua compreensão é essencial para que os destinatários da notação possam reconstruir o percurso subjetivo feito pelos analistas, ou noutros termos, a sua "leitura da realidade", daí que seja imposta a sua divulgação permanente e a revisão constante da sua adequação.

Todavia, também nesta sede podem ocorrer alguns problemas reconduzíveis ao ilícito de manipulação do mercado, que podem dizer respeito à própria metodologia ou à sua aplicação, o que também tem reflexos na responsabilidade dos sujeitos, pois a sua criação e a aplicação são feitas por diferentes entidades no seio da SNR.

2. Assim, de um modo geral, a afirmação de que determinada notação foi produto de uma certa metodologia quando tal não aconteceu constitui uma divulgação de uma informação falsa. Tal pode suceder quando um dos analistas que intervenha no processo manipule a metodologia que a SNR utiliza para aquele objeto de notação, omitindo algum dos seus pressupostos ou neles incluindo alguma informação falsa. Na avaliação desta situação é fundamental relembrar que a metodologia assenta em fatores quantitativos e qualitativos, sendo que a existência de uma informação falsa é mais provável de ocorrer quanto aos primeiros.

Quanto à própria metodologia existe a referida liberdade de conformação. Sendo a SNR livre quanto à opinião emitida, em rigor essa liberdade reporta-se à avaliação que faz da realidade e essa avaliação encontra-se na metodologia.

Mas mais uma vez, essa liberdade não é absoluta e deve ser razoável de acordo com as regras da atividade profissional em causa. Assim, quando por exemplo em determinada metodologia se atribui um peso manifestamente desrazoável a um fator em detrimento de outros sem qualquer base de sustentação racional não se está propriamente perante uma informação falsa, pois está em causa o modo como a informação é integrada na opinião e, consequentemente, o modo como esta é apresentada. Assim, uma metodologia objetivamente irracional, ainda que devidamente divulgada, traduz-se numa apresentação da realidade de modo exagerado ou tendencioso. Neste sentido, podemos estar perante uma divulgação de informação exagerada ou tendenciosa, conduta que também realiza o crime de manipulação do mercado.

4.4. A sentença do Tribunal de Trani de 30 de março de 2017

1. A primeira sentença que se debruçou sobre a responsabilidade penal por manipulação do mercado de analistas e administradores de uma SNR foi proferida pelo Tribunal de Trani, relativamente à indiciada manipulação da notação atribuída pela *Standard & Poors* à dívida soberana italiana.[206]

No caso em apreço, foram constituídos arguidos os responsáveis pela organização e gestão da atividade de notação (o presidente mundial da SNR e o responsável pela atividade na Europa) bem como o analista sénior responsável pela emissão da notação à divida soberana de Itália.

A imputação não consistiu exclusivamente na divulgação de *notizie false*, tendo o Ministério Público italiano recorrido à cláusula dos *altri artifizi*, asseverando que os arguidos "praticaram uma série de artifícios (...) – tanto na elaboração como na difusão (comunicação ao mercado financeiro) do "rating" sobre o débito soberano italiano – "concretamente idóneo a provocar": 1) uma destabilização da imagem, prestígio e confiança creditícia de Itália nos mercados nacional e internacional; 2) uma sensível alteração do valor do título do Estado italiano (...); 3) um prejuízo para a moeda italiana e europeia".

Afirma-se igualmente que no âmbito dos artifícios imputados existe uma conduta informativa ilícita à luz do artigo 185.º do TUF, através da qual se forneceu intencionalmente uma informação tendenciosa e distorcida (como tal, falsa) sobre a solvabilidade creditícia de Itália e das políticas adotadas pelo Governo italiano, causando um desincentivo na aquisição de dívida italiana e consequentemente uma depreciação do seu valor. Outro elemento relevante que se teve em conta na acusação foi o momento "seletivo" escolhido para a divulgação das notações e das previsões de notação.

2. Conforme reconhece Ilaria Merenda[207], o Tribunal perdeu uma importante oportunidade de se debruçar diretamente sobre o problema da realização

[206] Para uma síntese dos factos da acusação, cfr. Ilaria Merenda, "Atività di rating e delitto di manipolazione del mercato: Qualche riflessione sul caso "Standard & Poor's"", in *Diritto Penale Contemporaneo*, 2018, p. 2, nota 2.

[207] Ilaria Merenda, "Atività di rating e delitto di manipolazione del mercato: Qualche riflessione sul caso "Standard & Poor's"", in *Diritto Penale Contemporaneo*, 2018, p. 3.

típica do crime de manipulação do mercado através da emissão de notações de risco, tendo antes aderido à posição do Ministério Público de que tal conduta era típica à luz da incriminação em apreço. Todavia, a posição do Ministério Público é, em síntese, a de que a emissão da notação de risco, bem como dos relatórios que lhe estão associados, pode realizar o tipo, porquanto com essa emissão é comunicada incindivelmente informação ao mercado.

A sentença aborda expressamente vários temos relacionados com a manipulação do mercado e com a atividade de notação de risco, como por exemplo a questão da aplicação da lei no espaço, a problemática do concurso entre a responsabilidade penal e administrativa e responsabilidade da pessoa coletiva e das pessoas singulares que nela se encontrem integradas (emergentes da consagração do sistema do *doppio binario*), os conflitos de interesses e sua divulgação e a regulamentação aplicável à atividade de notação de risco. É igualmente feita uma análise sobre a incriminação da manipulação do mercado e os elementos objetivos do tipo.[208]

3. Não obstante o Tribunal ter decidido pela absolvição dos arguidos, entende-se que a sentença de Trani (embora, em parte, por adesão à acusação do Ministério Público) não colide com as posições acolhidas no presente texto.

5. Autoria e participação no âmbito da sociedade de notação de risco

1. Na criminalidade praticada através de empresas,[209] que assume especial relevância no Direito penal económico, a complexidade da imputação jurídico-penal do facto ao(s) seu(s) agente(s) tem sido constantemente

[208] Veja-se, porém, que tal análise do elementos objetivos do tipo não se encontra concatenada com os prolemas suscitados pela subsunção da atividade de notação do risco a tais elementos (cfr. p. 78 a 86 da sentença).

[209] Para uma análise do fenómeno da criminalidade empresarial v. João Matos Viana, *Autoria na criminalidade de empresa*, Lisboa, FDUL, 2007, Dissertação de Mestrado (n.p.), p.16-41; Bernd Schünemann, "Cuestiones básicas de dogmática jurídico-penal y de política criminal acerca de la criminalidad de empresa", *in Anuario de derecho penal y ciencias penales*, Tomo 41, Fasc. 2, 1988, p. 529 e ss..

debatida pela doutrina. Isto porque, como afirma FREDERICO DE LACERDA DA COSTA PINTO, os factos cometidos "...dentro e através de estruturas societárias (...) implica[m] o envolvimento de uma pluralidade potencial de intervenientes, de circuitos de informação e de ordens, com algumas zonas de autonomia decisória e outras de responsabilidade funcional, características de qualquer pessoa coletiva."[210/211]

Esta realidade gera, na maioria dos casos, uma dissociação fática entre executores materiais (corpóreos) da conduta incriminada e outros sujeitos dentro da empresa que possam ter intervenção no delito,[212] preordenando a estrutura organizada para a sua produção em virtude dos poderes organizativos de que disponham ou emitindo ordens diretas para a sua comissão, sempre acompanhada de uma paralisação dos seus poderes funcionais que permitiriam obstar à execução do crime,[213] o que nos remete para a problemática da autoria e comparticipação criminosas, uma vez verificada a divulgação de uma informação que realize o tipo do n.º 1 do art. 379.º CVM por parte de uma SNR.

2. Importa precisar que o problema aqui em causa não reside na atribuição de responsabilidade à SNR, porquanto apenas as pessoas singulares são agentes idóneos do crime de manipulação do mercado.[214] Também não se confunde com o problema de atribuição de responsabilidade à pessoa

[210] FREDERICO DE LACERDA DA COSTA PINTO, "O ilícito de mera ordenação social e a erosão do princípio da subsidiariedade da intervenção penal", *in* AA.VV., *Direito Penal Económico e Europeu: Textos doutrinários: Problemas gerais: Vol. I*, Coimbra, Coimbra Editora, 1998, p. 225.

[211] EDUARDO CORREIA, "Introdução ao Direito Penal Económico", *in* AA.VV., *Direito Penal Económico e Europeu: Textos doutrinários: Problemas gerais: Vol. I*, Coimbra, Coimbra Editora, 1998, p. 308.

[212] Em sentido similar, BERND SCHÜNEMANN, "Cuestiones básicas de dogmática jurídico-penal y de política criminal acerca de la criminalidad de empresa", *in Anuario de derecho penal y ciencias penales*, 41 (1998), p.531; ANABELA MIRANDA RODRIGUES, "Anotações ao art. 279.º", *in* (Dir.:) JORGE DE FIGUEIREDO DIAS *et. al.*, AA.VV, *Comentário Conimbricense do Código Penal: Parte Especial: Tomo II: artigos 202.º a 307.º*, Coimbra, Coimbra Editora, 1999, p.957.

[213] MIGUEL BRITO BASTOS, "Scalping: abuso de informação privilegiada ou manipulação de mercado? ", *in Revista de Concorrência & Rregulação*, 9 (2012), p. 445.

[214] *Supra*, II, 2.1.

física que atue em nome da pessoa jurídica, cujo regime se encontra previsto no art. 12.º do CP, pela mesma razão.

3. Em primeiro lugar, há que negar a bondade das soluções que apontam para uma impossibilidade de o direito penal regular a responsabilidade individual no contexto empresarial, que conduz a que pessoas colectivas se tornem verdadeiros centros de impunidade jurídica ou de "irresponsabilidade organizada", em violação de todas as exigências político-criminais que neste âmbito se fazem sentir.[215]

Em segundo lugar, o princípio da legalidade penal (art. 29.º CRP e art. 1.º CP) impõe que o problema da imputação pessoal no contexto empresarial[216] tenha que ser resolvido com recurso aos arts. 26.º e 27.º do CP (aplicáveis ao crime de manipulação do mercado *ex vi* art. 8.º CP), enquanto normas de extensão da tipicidade dos tipos contidos na parte especial do CP,[217] em respeito pelo modelo dual acolhido, assente num conceito restritivo-singular de autor.[218] As modalidades típicas de autoria previstas nas três primeiras proposições do art. 26.º devem ser concebidas como "tipos abertos", constituindo uma "imagem orientadora" (*leitbild*),[219] ao

[215] Thomas Rotsch, *Individuelle Haftung in Großunternehmen: Plädoyer für den Rückzug des Umweltstrafrechts*, Kiel, 1997, Dissertação de Doutoramento, *apud* Bernd Schünemann "Responsabilidad penal en el marco de la empresa: dificultades relativas a la individualización de la imputación", *in Anuario de derecho penal y ciencias penales*, Tomo 55, Fasc. 2, 2002, p. 12; v. ainda Bernardo Feijoo Sánchez, "Autoria e participação em organizações empresariais complexas", *in* (Coord.:) Maria Fernanda Palma; Augusto Silva Dias e Paulo de Sousa Mendes, *Direito penal económico e financeiro: Conferências do curso pós-graudado de aperfeiçoamento*, Coimbra, Coimbra Editora, agosto de 2012, p. 124.

[216] Frederico de Lacerda da Costa Pinto, *Imputação pessoal e actuação através de entes colectivos*, Lisboa, FDUNL, 13 de maio de 2016, Apresentação na unidade curricular de Direito Penal Económico (n.p.).

[217] Helena Mourão, *Autoria e Execução Comparticipadas*, Coimbra, Almedina, 2014, p. 79 e ss..

[218] Teresa Pizarro Beleza, "A estrutura da autoria nos crimes de violação de dever: tiularidade vs domínio do facto", *in Revista Portuguesa de Ciência Criminal*, n.º 2, 1992, p. 338 e 339.

[219] Bernd Schünemann, "Responsabilidad penal en el marco de la empresa: dificultades relativas a la individualización de la imputación", *in Anuario de derecho penal y ciencias penales*, 55 (2002), p. 18. Este ponto de partida metodológico foi acolhido por Augusto Silva Dias, *Ramos emergentes do direito penal relacionados com a protecção do futuro:* ambiente,

que acresce a sua "neutralidade dogmática",[220] mas tal conclusão não permite ir além daquilo que o princípio da legalidade autoriza. A determinação dos critérios de autoria, de acordo com a doutrina maioritária, deve ser feita à luz da teoria do domínio do facto,[221] concretizada com critérios normativos de imputação objetiva (atendendo ao desvalor objetivo da conduta do autor) e que permitam identificar as singularidades de cada figura comparticipativa em função da execução do facto.[222]

4. Assim, importa determinar o modo de funcionamento e organização da sociedade de notação de risco e o papel que cada interveniente desempenha na produção da notação. Para o efeito, irá ter-se especialmente em conta o modelo de organização imposto pelo Reg. 1060/2009. Em seguida, uma vez verificada a divulgação de informação que realiza o tipo de manipulação do mercado, importa delimitar o círculo de sujeitos aos quais a mesma possa ser imputada. Tendo em conta que o tipo de manipulação do mercado não contempla a punibilidade a título de negligência, as hipóteses estudadas limitar-se-ão a condutas dolosas.

5. Atendendo ao processo de notação anteriormente abordado é possível afirmar que na elaboração de uma notação de risco estão envolvidos, diretamente, o emitente objeto da notação (própria ou de instrumento financeiro por ele emitido) em virtude das informações que presta; o analista principal (ou analistas principais) que recolhe as informações, aplica a metodologia e recomenda determinada notação; bem como,

consumo e genética humana, Coimbra, Coimbra Editora, 2008, p. 221-222 e João Matos Viana, *Autoria na criminalidade de empresa*, 2007, p.178

220 Frederico de Lacerda da Costa Pinto, "O ilícito de mera ordenação social e a erosão do princípio da subsidiariedade da intervenção penal", *in* AA.VV., *Direito Penal Económico e Europeu: Textos doutrinários: Problemas gerais: Vol. I*, 1998, p.224.

221 Helena Mourão, *Autoria e Execução Comparticipadas*, 2014, p.98 e ss, *maxime* nota 195 da p. 101; Jorge de Figueiredo Dias, *Direito penal: parte geral: Questões fundamentais: a doutrina geral do crime*, 2007, p. 773 e ss; Para uma descrição da história dogmática das figuras comparticipativas v. Claus Roxin, *Autoría y dominio del hecho en derecho penal*, (Trad. da 7.ª Ed. alemã da *Täterschaft und Tatherrschaft* (1999) por Joaquín Cuello Contreras e Luis Serrano Gonzáles Murillo), Madrid/Barcelona, Marcial Pons, 2000, p. 53 e ss..

222 Helena Mourão, *Autoria e Execução Comparticipadas*, 2014, p. 109-111.

os analistas que componham o comité de notação, votando a notação definitiva.

Quaisquer destes sujeitos poderá introduzir no processo de notação elementos conducentes à emissão de uma notação que realize o tipo da manipulação do mercado: (i) o emitente pode fornecer informações falsas ou omitir informações relevantes; (ii) o analista principal pode falsear os pressupostos quantitativos da metodologia utilizada, por exemplo, incluindo dados diversos daqueles que foram fornecidos pelo emitente, que não correspondam à realidade, bem como "manipular" os pressupostos qualitativos da metodologia, quando por hipótese atribua um peso relativo a determinada variável sem qualquer fundamentação racional; e (iii) os analistas que componham o comité de notação podem direcionar o seu sentido de voto relativo aos diversos *drivers* da notação recomendada, ou propor alterações, unicamente movidos por um conflito de interesses.

5.1. A responsabilidade dos analistas que compõem o comité de notação de risco

1. No primeiro grupo de casos importa analisar a responsabilidade dos analistas que compõem o comité de notação, porquanto são estes que podem realizar *materialmente* a conduta de divulgação em virtude da distribuição de funções no âmbito da SNR.[223] Surge então o problema de uma execução do facto no âmbito de uma entidade colegial para o qual têm sido dadas diversas respostas na doutrina.

[223] A existência de funcionários que procedam fisicamente à divulgação, por exemplo, através da introdução da notação no sítio da internet da SNR, não obsta à autoria dos membros do comité na medida em que aqueles não dispõem de competência conformativa do conteúdo da notação. Estes atuam no "âmbito de neutralidade" ou realizam uma contribuição fora da sua esfera de competências como defendem, respetivamente, Ricardo Robles Planas, *Estudios de Dogmática Jurídico-Penal – Fundamentos, Teoría del Delito y Derecho Penal Económico*, 2014, p. 249 e Bernardo Feijoo Sánchez, "Autoria e participação em organizações empresariais complexas", *in* (Coord.:) Maria Fernanda Palma; Augusto Silva Dias e Paulo de Sousa Mendes, *Direito penal económico e financeiro: Conferências do curso pós-graudado de aperfeiçoamento*, 2012, p. 148-149.

2. O problema tem sido resolvido com a aplicação da figura da coautoria (ativa ou omissiva, consoante as formulações)[224] de molde a superar as dificuldades suscitadas pela imputação de causalidade dos votos individualmente considerados.[225]

A leitura do caso no plano da causalidade leva a que ENRIQUE GIMBERNAT ORDIEG[226] afirme que, no caso de votação por maioria, apenas serão causais os votos daqueles que perfazem a mesma, negando causalidade[227] aos que se venham a somar, mesmo que sejam em idêntico sentido ao da proposta que fez vencimento. Neste caso, os votos posteriores à formação da maioria, porque "não condicionam o resultado" apenas podem constituir cumplicidade. A resolução do problema, para este autor, passa por autonomizar os casos em que o membro votante detenha uma posição de garante, responsabilizando-os pela omissão.[228]

[224] RAÚL CERVINI e GABRIEL ADRIASOLA, *El derecho penal de la empresa: desde una visión garantística*, Buenos Aires, Editorial Ibdef, 2005, p. 170 e ss; BERNARDO FEIJOO SÁNCHEZ, "Autoria e participação em organizações empresariais complexas", *in* (Coord.:) MARIA FERNANDA PALMA; AUGUSTO SILVA DIAS e PAULO DE SOUSA MENDES, *Direito penal económico e financeiro: Conferências do curso pós-graudado de aperfeiçoamento*, 2012, p. 154; GERMANO MARQUES DA SILVA, *Responsabilidade penal das sociedades e dos seus administradores e representantes*, Lisboa/São Paulo, Editorial Verbo, 2009, p. 397-399; ISABEL MARQUES DA SILVA, *Responsabilidade Fiscal Penal Cumulativa das sociedades e dos seus administradores e representantes*, Lisboa, Universidade Católica Editora, Lisboa, 2000, p. 184-188.

[225] BERND SCHÜNEMANN, "Responsabilidad penal en el marco de la empresa: dificultades relativas a la individualización de la imputación", *in Anuario de derecho penal y ciencias penales*, 55 (2002), p. 20-21, entendendo que foi para superar este problema que o *BGHSt* considerou coautores os membros do conselho de administração no caso *Lederspray*. Também Mourão:2014, p. 489, nota 1177.

[226] ENRIQUE GIMBERNAT ORDIEG, "?las exigencias domgmáticas fundamentales hasta ahora vigentes de una parte general son idóneas para satisfacer la actual situación de la criminalidad, de la medición de la pena y del sistema de sanciones?: Responsabilidad por el produto, accesoriedad administrativa del derecho penal y decisiones colegiadas", *in Anuario de derecho penal y ciencias penales*, Tomo 52, Fasc. 1-3, 1999, p. 62-71.

[227] Já BERND SCHÜNEMANN, "Responsabilidad penal en el marco de la empresa: dificultades relativas a la individualización de la imputación", *in Anuario de derecho penal y ciencias penales*, 55 (2002), p. 21, entende que todos os votos, contra ou a favor, se inserem no mesmo processo de votação, considerando-os causais.

[228] Solução também seguida por BERND SCHÜNEMANN, "Responsabilidad penal en el marco de la empresa: dificultades relativas a la individualización de la imputación", *in Anuario de derecho penal y ciencias penales*, 55 (2002), p. 22 nos casos de difícil resolução

Frederico de Lacerda da Costa Pinto entende que "o domínio do facto, que fundamenta a autoria, é exercido por *quem participou na deliberação* (...) e não votou contra essa deliberação".[229] Mais afirma que quem vota contra, para além de não possuir o domínio do facto praticado, não "te[m] dolo em relação ao facto ilícito".[230] Quanto à conduta dos funcionários que atuem de forma autónoma relativamente à deliberação, esta apenas se poderá integrar num comportamento de instigação ou de cumplicidade.

Helena Mourão[231] distingue os casos em que a própria intervenção no órgão colegial se insere já na fase executiva[232] dos casos em que esta não ultrapassa a fase preparatória. Ressalva a responsabilidade por omissão impura, a título de autoria direta, quando a decisão se traduza numa omissão. Ora nos casos, mais frequentes, em que a deliberação se traduz num ato preparatório, afasta a possibilidade de coautoria.[233]

Teresa Quintela de Brito[234] apela à responsabilização dos membros do órgão a título de coautoria por omissão,[235] limitada pela esfera de res-

quando o membro falta à reunião ou quando o membro se enquadra numa situação de negligência. Estes seriam um caso de comissão por omissão por conduta ativa, traduzindo-se no seguinte: "Quien causa un acordo antijurídico mediante una conducta activa, que a vez es causicausal conforme a los principios del delito de omisión imporpria, es también responsable por la producción del resultado".

229 Frederico da Costa Pinto, *O Novo Regime dos Crimes e Contra-Ordenações no Código dos Valores Mobiliários,*2000 p. 37.

230 Frederico de Lacerda da Costa Pinto, *O Novo Regime dos Crimes e Contra-Ordenações no Código dos Valores Mobiliários,*2000, p.37, nota 38.

231 Helena Mourão, *Autoria e Execução Comparticipadas*, 2014 p. 490-491.

232 O exemplo utilizado é o crime de infidelidade patrimonial, em que a aprovação da proposta produza logo um prejuízo patrimonial, nos termos do art. 224.º CP.

233 Exceto se estivermos perante uma situação de instrumentalização do consumidor, no caso de responsabilidade pelo produto, que o induz em erro relevante sobre a autolesão. Aqui configura uma coautoria mediata, Helena Mourão, *Autoria e Execução Comparticipadas*, 2014, p.491. Admitia também a coautoria mediata no caso de "instruções emitidas por órgãos colegiais" em Helena Mourão, *Da Instigação em Cadeia: Contributo para a Dogmática das Formas de Comparticipação na Instigação*, Lisboa, FDUL, setembro de 2002, Relatório de Mestrado (n.p.), p. 22.

234 Teresa Quintela de Brito, *Domínio da Organziação para a execução do facto: Responsabilidade Penal de Entes Coletivos, dos Seus Dirigentes e "Atuação em nome de outrem"*, Vols. I e II, Lisboa, FDUL, 2012, Tese de Doutoramento (n.p.), p. 956-959.

235 A Autora refere-se aos casos de responsabilidade pelo produto, em que a omissão se cinge à decisão de não retirada do mesmo do mercado.

ponsabilidade e competência que lhe caiba dentro da empresa para a não produção do resultado lesivo, isto é, pela densificação dos deveres funcionais dos membros, em sentido próximo ao defendido por AUGUSTO SILVA DIAS.[236] Entende ainda que a responsabilidade depende, para além desta limitação, de um voto "favorável à decisão" ou, "tendo votado desfavoravelmente e apesar da decisão contrária do órgão, possuíam e desperdiçaram o poder de mobilização e condução da organização nos sentido do cumprimento do dever".

3. Atendendo ao facto de o crime se consumar com a divulgação da notação, é de considerar que a votação em comité se situa já na fase executiva do *iter criminis*, portanto no caso de uma aprovação *unânime* da notação com as características que realizem o tipo, verificado dolo de todos os membros, estamos perante uma *execução conjunta do crime mediante acordo expresso ou tácito* o que configura uma coautoria direta e ativa de todos os membros do comité. O dolo do agente, reportado ao facto ilícito, é externalizado pelo o sentido do voto, como afirma FREDERICO DE LACERDA DA COSTA PINTO.

Parece contudo ser igualmente possível afirmar que os que se *abstêm* procedem a uma "adesão voluntária à deliberação que fizer vencimento", como refere GERMANO MARQUES DA SILVA,[237] o que no limite levará a concluir por uma situação de dolo eventual destes sujeitos, uma vez que representam como possível consequência da sua conduta a adoção por maioria da deliberação que realiza o facto, com ela se conformando, não votando contra.

Nestes casos, para além de verificado o elemento objetivo da coautoria consistente na prática de atos de execução deve igualmente ter-se por afirmado o "elemento subjetivo". Este traduz-se, como dispõe a terceira parte do n.º 1 do art. 26.º CP, na existência de um acordo ou numa atuação "juntamente com outro ou outros". Note-se que apesar de comummente este elemento ser considerado subjetivo, em rigor ele apresenta uma natureza

[236] AUGUSTO SILVA DIAS, *Ramos emergentes do direito penal relacionados com a protecção do futuro:* ambiente, consumo e genética humana, 2008, p. 194 e 201.

[237] GERMANO MARQUES DA SILVA, *Responsabilidade penal das sociedades e dos seus administradores e representantes*, 2009, p. 398-399.

mista, sendo apreciado objetivamente. Ora a maioria da doutrina[238] pronuncia-se pela imprescindibilidade deste elemento para a caracterização da figura comparticipativa em causa, permitindo proceder à distinção da autoria singular paralela.[239] Todavia, é possível afirmar que se tem assistido a uma interpretação tendencialmente mais extensiva deste elemento, afirmando-se que "pode ser expresso ou tácito",[240] que não tem "natureza pactícia",[241] bastando-se com uma "concertação de vontades orientadas para a prática daquele facto".[242] Alguns autores defendem, contudo, que este elemento não assume autonomia na caracterização da figura.[243]

238 Quanto à jurisprudência portuguesa v. Diana Paraíso Vicente, "Instigação e coautoria: casos de fronteira", *in* (Coord:) Teresa Pizzaro Beleza e Frederico de Lacerda da Costa Pinto, *Comparticipação, Pessoas Coletivas e Responsabilidade: 11 estudos de direito penal e direito de mera ordenação social*, Coimbra, Almedina, 2015, p.263-292; Hugo de Matos Tavares, "Entre coautoria e cumplicidade: contributos para a análise do "vigia" do facto criminoso na jurisprudência portuguesa", *in* (Coord:) Teresa Pizzaro Beleza e Frederico de Lacerda da Costa Pinto, *Comparticipação, Pessoas Coletivas e Responsabilidade: 11 estudos de direito penal e direito de mera ordenação social*, Coimbra, Almedina, 2015, p. 293-332.

239 Diana Paraíso Vicente, "Instigação e coautoria: casos de fronteira", *in* (Coord:) Teresa Pizzaro Beleza e Frederico de Lacerda da Costa Pinto, *Comparticipação, Pessoas Coletivas e Responsabilidade: 11 estudos de direito penal e direito de mera ordenação social*, 2015 p. 264.

240 José Faria Costa, "Formas do Crime", *in* Centro de Estudos Judicários, *Jornadas de Direito Criminal: o novo código penal português e legislação complementar*, Caxias, CEJ, 1983, p. 170; Maria da Conceição Valdágua, *Início da Tentativa do Coautor: contributo para a teoria da imputação do facto na co-autoria*, Lisboa, Lex, 1993, p. 129 e ss..

241 João Matos Viana, *Autoria na criminalidade de empresa*, 2007.

242 Diana Paraíso Vicente, "Instigação e coautoria: casos de fronteira", *in* (Coord:) Teresa Pizzaro Beleza e Frederico de Lacerda da Costa Pinto, *Comparticipação, Pessoas Coletivas e Responsabilidade: 11 estudos de direito penal e direito de mera ordenação social*, 2015, p. 264.

243 Günther Jakobs, (Trad. 2.ª Ed. em alemão de Strafrecht Allgemeiner Tiel: Die Grundlagen und die Zurechnungslere (1991) por Joaquín Cuello Contreras e Jose Luis Serrano Gonzalez de Murillo), *Derecho Penal: Parte General: Fundamentos y teoría de la imputación*, 2.ª Ed. (corrigida), Madrid, Marcial Pons, 1997, p. 746-747, todavia a posição tem de ser integrada no seu pensamento global sobre autoria e participação criminosas, podendo a coautoria incluir-se em situações de participação. Para uma exposição crítica da sua posição v. Teresa Quintela de Brito, *Domínio da Organização para a execução do facto: Responsabilidade Penal de Entes Coletivos, dos Seus Dirigentes e "Atuação em nome de outrem"*, 2012 p. 1160 e ss; João Matos Viana, *Autoria na criminalidade de empresa*, 2007

Embora não seja possível abordar com maior profundidade a questão, apenas dir-se-á que no âmbito de um processo de discussão e votação da notação, conducente à divulgação de uma notação fundada em informações que realizem o tipo, todos os que nela acordem representam reciprocamente uma atuação conjunta, uma sobreposição voluntária de esferas de liberdade de atuação (a liberdade de voto) que desemboca na realização conjunta dos atos de execução da manipulação, pelo que se verifica o elemento subjetivo da coautoria. É similar a leitura do elemento desta figura comparticipativa feita por Teresa Quintela de Brito,[244] na esteira da lição de Urs Kindäuser,[245] embora a refira num quadro diverso.[246]

5.1.1. A responsabilidade do analista que vote contra

1. Situação mais duvidosa é a daqueles que se limitam a *votar contra*, entendendo alguma doutrina que, tal como aqueles que *não comparecem na votação,*

p. 49 e ss.. Também Victoria García del Blanco, *La coautoría en derecho penal,* Valencia, Tirant Lo Blanch, 2006, p. 675 e ss., procede a uma interpretação objetiva do advérbio juntamente, negando identidade própria ao elemento do mútuo acordo para caracterizar a coautoria. Entre nós, defende a coautoria unilateral Helena Mourão, Autoria e Execução Comp*articipadas,* 2014 p. 462 e ss.. Contra, Claus Roxin, *Autoría y domínio del hecho en derecho penal,* 2000 , p. 733 e ss.; Maria da Conceição Valdágua, *Início da Tentativa do Coautor: contributo para a teoria da imputação do facto na co-autoria,* 1993, p. 127.

244 Teresa Quintela de Brito, "Crime Omissivo e novas representações da responsabilidade social", *in AA.VV., Liber Amicorum de José de Sousa Brito em comemoração do 70º Aniversário: Estudos de Direito e Filosofia,* Coimbra, Almedina, outubro de 2009, p 924; Teresa Quintela de Brito, *Domínio da Organização para a execução do facto: Responsabilidade Penal de Entes Coletivos, dos Seus Dirigentes e "Atuação em nome de outrem",* 2012 p. 1206 e ss.

245 Urs Kindäuser, (trad.: Manuel Cancio Meliá), "Cuestiones fundamentales de la coautoría", *in Revista Penal,* n.º 11, janeiro de 2003, p. 53 e ss., entende que a representação recíproca da colaboração pressupõe que: a) cada coautor conheça a relevância do seu contributo, em termos de risco para o bem jurídico-penal, no contexto das ações dos demais intervenientes; b) idêntico conhecimento seja detido pelos demais coautores; c) cada um tenha consciência da presença da mesma consciência em cada um dos outros.

246 Refere-a a propósito da atuação entre dirigentes e subordinados, a que se fará referencia *infra.*

serão responsabilizados por omissão imprópria, como BERND SCHÜNEMANN, ENRIQUE GIMERNAT ORDIEG ou HELENA MOURÃO.[247]

É problema complexo, e bastante discutido na doutrina, o de saber se é concebível uma autoria por ação (dos que votam a favor) e, paralelamente, uma autoria ou cumplicidade omissivas daquele que detém um dever de garante e não impede a realização pelo agente ativo.

Alguns, como FREDERICO DE LACERDA DA COSTA PINTO[248] e HANS-HEINRICH JESCHECK e THOMAS WEIGEND[249] entendem que a autoria omissiva só se verifica quando o autor por ação perde o domínio do facto, transmitindo-se este para o omitente. Antes deste momento, a omissão apenas poderia ser vista como uma "facilitação" da ação e, por isso, cumplicidade.[250]

Outros, com explicações diversas, sufragam a autoria paralela do omitente face a um autor por ação. Assim o faz JORGE DE FIGUEIREDO DIAS,[251] ao sustentar que a autoria omissiva se basta pela "possibilidade de intervenção do garante no sentido de afastar a verificação do resultado típico (...) não parece[ndo] ficar espaço para a aceitação de uma cumplicidade". Também HELENA MOURÃO[252] entende que a omissão não constitui um "mero ato de cumplicidade", argumentando que a orientação contrária pretende fazer uma distinção entre autoria e participação omissivas com

[247] HELENA MOURÃO, *Autoria e Execução Comparticipadas*, 2014, p. 312, nota 721.

[248] FREDERICO DE LACERDA DA COSTA PINTO, *A relevância da desistência em situações de comparticipação: Um estudo sobre a validade e limites da solução consagrada no artigo 25.º do Código Penal de 1982*, Coimbra, Almedina, 1992, p.293, defende, com efeito, a não aplicação do art.10º e a "invocação analógica do art. 27º". A ausência de domínio do facto *exclusiva* do omitente permitiria enquadrá-lo numa situação de cumplicidade, pela facilitação do autor por ação.

[249] HANS-HEINRICH JESCHECK e THOMAS WEIGEND, (Trad. MIGUEL OLMEDO CARDENETE) *Tratado de derecho penal: parte general*, 5.ª Ed, Granada, Comares, 2002, p. 689, 734 e 749.

[250] Também SANTIAGO MIR PUIG, *Derecho penal: parte general*, 5.ª Ed., Barcelona, Reppertor, 1998, p. 317.

[251] JORGE DE FIGUEIREDO DIAS, *Direito penal: parte geral: Questões fundamentais: a doutrina geral do crime*, 2007, p. 974-975. Ressalvando contudo a cumplicidade nos casos em que a autoria exige elementos especiais do tipo.

[252] HELENA MOURÃO, *Autoria e Execução Comparticipadas*, 2014 p.316 e 317. Importa referir que a Autora sustenta que a autoria não equivale a um problema de domínio do facto mas sim na titularidade do dever e na possibilidade de agir.

base nos contributos para a realização típica, porque quem não dificulta a execução "pura e simplesmente não intervém, tendo esse dever e podendo fazê-lo – sendo, portanto e desde logo, autor por omissão" e, finalmente, por considerar que tal entendimento se mostra incoerente com a cláusula de equiparação entre ação e omissão. Por seu turno, TERESA QUINTELA DE BRITO,[253] com mais extensa fundamentação, rejeita igualmente a punição por cumplicidade do omitente. Isto porque entende, nesta medida com FREDERICO DE LACERDA DA COSTA PINTO e TERESA PIZARRO BELEZA, que existe domínio do facto na omissão e não, como defendia CLAUS ROXIN, a titularidade do dever como único critério da autoria omissiva. Todavia, a especificidade do domínio do facto na omissão não é afastada pelo domínio do facto pelo autor por ação, o que, em sua opinião, levaria a recusar o domínio do facto do omitente em todos os outros casos ou a substituí-lo pela titularidade do dever considerando-o sempre autor. O segundo argumento prende-se com a impossibilidade de resolver casos em que o "facto principal" é, também ele, um crime comissivo por omissão.[254]

2. Em primeiro lugar, há que admitir que na comissão por omissão vigora o domínio do facto, consistente em "manter, conscientemente, uma situação evolutiva de perigo para o bem jurídico, não intervindo para diminuir as probabilidades de lesão".[255] A rejeição da conceção roxiniana dos delitos de dever, por oposição aos delitos de domínio, onde se basta a mera titularidade daquele, foi feita convincentemente, entre nós, por TERESA PIZARRO BELEZA.[256] Nesse sentido, a construção dogmática do delito de

[253] TERESA QUINTELA DE BRITO, *A Tentativa nos Crimes Comissivos por Omissão: Um Problema de Delimitação da Conduta Típica*, Coimbra, Coimbra Editora, setembro de 2000, p. 24-32. JOSÉ MANUEL VILALONGA, *"Acção e omissão"*, *in* (Coord:) MARIA FERNANDA PALMA; CARLOTA PIZARRO ALMEIDA e JOSÉ MANUEL VILALONGA, *Casos e Materiais de Direito Penal*, 2.ª Ed, Coimbra, Almedina, fevereiro de 2002, p. 345-350.

[254] Ressalva a possibilidade da cumplicidade omissiva para os casos de crime de "mão própria" ou de forma vinculada, fundada na parte final do n.º 1 do art. 10.º.

[255] FREDERICO DE LACERDA DA COSTA PINTO, *A relevância da desistência em situações de comparticipação: Um estudo sobre a validade e limites da solução consagrada no artigo 25.º do Código Penal de 1982*, 1992, p. 292, nota 302; FREDERICO DE LACERDA DA COSTA PINTO, *A Categoria da Punibilidade na Teoria do Crime*, 2013, p. 981-982.

[256] TERESA PIZARRO BELEZA, "A estrutura da autoria nos crimes de violação de dever: tiularidade vs domínio do facto", *in Revista Portuguesa de Ciência Criminal*, 2 (1992); BERND

dever levaria à admissão de um conceito unitário de autor na omissão, como adverte Francisco Manuel Fonseca de Aguilar.[257]

Este Autor parte da premissa metodológica de que a contraposição entre autoria e participação omissivas se impõe, "em última análise, por força do princípio da equiparação normativa da omissão à comissão por ação".[258] Francisco Manuel Fonseca de Aguilar não procede à distinção com base no domínio do facto potencial, entendendo que a "violação do dever de intervenção positiva na salvaguarda de um bem jurídico não pode ser legitimamente afirmada como autoria por omissão ali onde o significado social e normativo da conduta concretamente devida mas omitida equivalha não à autoria comissiva mas à cumplicidade comissiva".[259] Recorre à ideia de figura central do acontecimento para identificar o tal significado das condutas ativa e omissiva em casos concretos. Expressamente afirma que "a autoria da comissão por omissão apresenta um pressuposto negativo: a ausência de um domínio do facto – comissivo por natureza – por parte de um outro agente."[260] Conclui, com efeito, por reconduzir à categoria da cumplicidade o comportamento omissivo do garante que signifique uma não obstaculização do crime doloso do autor, na medida em que o seu "significado material (...) é equivalente não à comissão da lesão

Schünemann, "Cuestiones básicas de dogmática jurídico-penal y de política criminal acerca de la criminalidad de empresa", *in Anuario de derecho penal y ciencias penales*, 41 (1998), p. 536 e ss. veio adaptar a teoria do domínio do facto na omissão, entendendo que este existe um "domínio sobre a causa do resultado". Claus Roxin, *Derecho Penal: Parte General: Tomo II: Especiales formas de aparición del delito*, (Trad. da 1ª ed. alemã da *Strafrecht Allgemeiner Teil, Band I: Besondere Erscheinungsformen der Strafat* (2003) por Diego-Manuel Luzon Peña *et. al.*, Madrid, CIVITAS Ediciones / Thomson Reuters, 2014, p. 852, vem concordar com o critério interpretativo de Bernd Schünemann. Entre nós, José Faria Costa, "Omissão: Reflexões em Redor da Omissão Imprópria", *in Boletim da Faculdade de Direito da Universidade de Coimbra*, vol. LXXII, 1996, determina o dever de garante em função da *"esfera de domínio positivo do omitente"*.

257 Francisco Manuel Fonseca de Aguilar, *Dos comportamentos ditos neutros na cumplicidade*, 2014, p.1016.

258 Francisco Manuel Fonseca de Aguilar, *Dos comportamentos ditos neutros na cumplicidade*, 2014, p.1011-1012.

259 Francisco Manuel Fonseca de Aguilar, *Dos comportamentos ditos neutros na cumplicidade*, 2014, p. 1016.

260 Francisco Manuel Fonseca de Aguilar, *Dos comportamentos ditos neutros na cumplicidade*, 2014, p. 1019.

do bem jurídico (autoria comissiva) mas ao auxiliar outrem naquela lesão (cumplicidade comissiva)".[261] Solução contrária levaria, em sua opinião, a uma violação do princípio da igualdade – por tratamento idêntico de situação com significado social-normativo diverso – e da dimensão negativa da autorresponsabilidade – por tornar todo o garante como autor do facto (alheio) do agente comissivo por ação.[262]

3. Ora, nestes termos, a posição de Francisco Manuel Fonseca de Aguilar, apesar de não se referir expressamente nestes termos, é perfeitamente compatível com a teoria do domínio do facto na omissão e com a solução apontada por Frederico de Lacerda da Costa Pinto, Hans-Heinrich Jescheck e Thomas Weigend para a distinção entre autoria e participação omissivas. Em suma, poderá afirmar-se que numa situação de autor por ação face a um sujeito com posição de garante importa determinar quem detém o domínio do facto, ou seja, quem foi *in casu* a "figura central do acontecimento" ou, na expressão de Francisco Manuel Fonseca de Aguilar, o "verdadeiro ator principal da explicação criminal" do resultado. A ideia defendida pela maioria dos autores de que apenas excecionalmente são admissíveis casos de cumplicidade por omissão, aparentemente não leva em devida conta o princípio da acessoriedade na cumplicidade omissiva – o omitente-garante, apesar da violação do respetivo dever, apenas facilita a lesão do bem jurídico-penal por intermédio do facto principal do autor por ação. Identificar o domínio do facto omissivo com a mera titularidade do dever de garante e, apenas, na possibilidade de pôr termo à conduta ativa de outrem apresenta resultados praticamente idênticos aos da teoria dos delitos de dever. A autoria omissiva existirá a partir do momento em que o omitente recupere o domínio exclusivo do facto.

Esta solução impõe-se com maior premência nos casos em que o tipo não é, sem mais, compatível com uma omissão impura, como é tendência doutrinária[263] no caso da manipulação do mercado. Apenas será pos-

[261] Francisco Manuel Fonseca de Aguilar, *Dos comportamentos ditos neutros na cumplicidade*, Lisboa, AAFDUL, fevereiro de 2014, p. 1019.

[262] Francisco Manuel Fonseca de Aguilar, *Dos comportamentos ditos neutros na cumplicidade*, 2014, p. 1020.

[263] *Supra*, II, 2.3.

sível uma omissão impura de manipulação do mercado quando haja uma comissão por ação da mesma por outro sujeito e, verificada a posição de garante detentor do exclusivo domínio do facto, este nada faz para impedir a consumação, podendo e devendo fazê-lo. Parece que esse momento pode ser identificado com o período que medeia a aprovação da notação e a física divulgação da mesma, o que dogmaticamente constituirá a fase da tentativa acabada do facto por ação.[264]

4. Regressando ao caso em análise, importa, em primeiro lugar atribuir posição de garante aos membros do comité de notação para, posteriormente, decidir do título de responsabilidade em virtude da violação desse dever, porquanto votar contra não deva ser considerada como "ação adequada a evitar o resultado".[265]

O dever de garantia enquanto elemento imprescindível numa autoria e cumplicidade omissivas encontra-se plasmado no n.º 2 do art. 10.º CP e, na sua atual interpretação,[266] resulta de uma "valoração ético-social autónoma" em que é decisiva a "relação fática de proximidade entre o omitente e o bem jurídico".[267] Tem sido bastante discutida a determinação da fonte da posição de garantia dos sujeitos que integram uma organização

[264] v. exemplo dado por Frederico de Lacerda da Costa Pinto, *A relevância da desistência em situações de comparticipação: Um estudo sobre a validade e limites da solução consagrada no artigo 25.º do Código Penal de 1982*, 1992, p. 293.

[265] Esta conclusão não deve ser afastada com a importação de normas de exclusão da responsabilidade civil constates do Direito societário (v. n.º 3 do art. 72.º do CSC) para o Direito penal. v. Raúl Cervini e Gabriel Adriasola, *El derecho penal de la empresa: desde una visión garantistica*, 2005, p. 172 e ss.; André Lamas Leite, *As "Posições de Garantia" na Omissão Impura: Em Especial, a Questão da Determinabilidade Penal*, 2007, p. 305 e 306.

[266] Para uma descrição da teoria formal da posição de garantia e respetiva superação v. André Lamas Leite, *As "Posições de Garantia" na Omissão Impura: Em Especial, a Questão da Determinabilidade Penal*, 2007 p. 147 a 177.

[267] Jorge de Figueiredo Dias, *Direito penal: parte geral: Questões fundamentais: a doutrina geral do crime*, 2007, p. 938 e ss.. A doutrina tem vindo paulatinamente a tentar delimitar a extensão e o limite dos deveres de garantia. V. André Lamas Leite, *As "Posições de Garantia" na Omissão Impura: Em Especial, a Questão da Determinabilidade Penal*, 2007, p. 439. Sobre esta evolução, na doutrina alemã, veja-se Enrique Gimbernat Ordieg, "La omisión impropria en la dogmática penal alemana: Una exposición", *in Anuario de derecho penal y ciencias penales*, Tomo 50, Fasc. 1-3 1997, p. 5-112.

empresarial.[268] Bernd Schünemanm,[269] seguido de perto por Pedro Soares de Albergaria[270] e Anabela Miranda Rodrigues,[271] propõe uma distinção entre deveres primários e secundários de garante. Da divisão material de funções dentro da empresa, haveria de destacar os que nela detenham um domínio material direto para o controlo da fonte de perigo daqueles que em virtude da posição hierárquica de mando detenham um domínio de controlo e coordenação da atividade dos primeiros.

Ora partindo de uma teoria material-formal, que é a que tem vindo a ser seguida pela maioria da doutrina,[272] estas posições de garantia no âmbito empresarial podem ter por fonte a assunção de funções de guarda e assistência, incluída no âmbito de deveres de proteção e assistência face a bens jurídicos desamparados e, simultaneamente, podem decorrer de uma situação de domínio e controlo sobre fontes de perigo para o bem jurídico.

Atendendo à ideia avançada por Bernd Schünemanm, é possível destacar um dever primário de garante naqueles sujeitos que, em virtude das funções desempenhadas, detenham um domínio direto sobre a fonte de perigo. Também Enrique Gimbernat Ordeig adverte que o garante primário e o garante secundário apenas respondem por factos ilícitos que não tenham evitado se estes se relacionarem com um "foco de perigo" relacionado com a empresa.[273] Já Bernardo Feijoo Sánchez afirma que

[268] Pedro Soares Albergaria, "A posição de Garante dos Dirigentes da Empresa", *in Revista Portuguesa de Ciência Criminal,* Fasc. 4.º, Ano 9, 1999, p. 620 e ss..

[269] Bernd Schünemann, "Cuestiones básicas de dogmática jurídico-penal y de política criminal acerca de la criminalidad de empresa", *in Anuario de derecho penal y ciencias penales,* 41 (1998), p. 538.

[270] Pedro Soares Albergaria, "A posição de Garante dos Dirigentes da Empresa", *in Revista Portuguesa de Ciência Criminal,* 9 (1999), p. 624.

[271] Anabela Miranda Rodrigues, "Anotações ao art. 279.º", *in* (Dir.:) Jorge de Figueiredo Dias *et. al.*, AA.VV, *Comentário Conimbricense do Código Penal: Parte Especial: Tomo II: artigos 202.º a 307.º*, 1999, p. 959.

[272] Jorge de Figueiredo Dias, *Direito penal: parte geral: Questões fundamentais: a doutrina geral do crime,* 2007, p. 939 e ss.; André Lamas Leite, *As "Posições de Garantia" na Omissão Impura: Em Especial, a Questão da Determinabilidade Penal,* 2007, p. 192 e ss.; Hans-Heinrich Jecheck e Thomas Weigend, *Tratado de derecho penal: parte general,* 2002, p. 669. Claus Roxin, *Derecho Penal: Parte General: Tomo II: Especiales formas de aparición del delito,* 2014, p. 844 e ss..

[273] Enrique Gimbernat Ordieg, "Omision impropia e incremento del riesgo en el Derecho penal de empresa", *in Anuario de derecho penal y ciencias penales,* Tomo 54, Fasc. 1, 2001, p. 18.

"a empresa tem uma posição de garante originária que é assumida por dirigentes e administradores e que vai gerando, em cadeia, uma delegação de deveres parciais".[274] O perigo, neste caso concreto, resulta na possibilidade de lesão do bem jurídico tutelado pela incriminação da manipulação do mercado. Assim, o processo de notação deverá ser encarado como uma atividade perigosa no prisma da suscetibilidade de conduzir à divulgação de informação que seja passível de alterar o regular funcionamento do mercado. Este especial posicionamento dos analistas que compõem o comité relativamente ao perigo de divulgação de uma notação falsa não se confunde com uma posição de garantia face à atuação de terceiros (neste caso, os restantes membros do comité). Escora-se antes no seu âmbito de competências voluntariamente assumidas que se traduzem numa posição de salvaguarda da qualidade da notação final, através do domínio fático que sobre aquela dispõem. Esta sua posição em nada difere daquele que, conjuntamente com outros, se encontra encarregado de guardar um animal perigoso e nada faz quando um colega seu o liberta por diversão para a via pública.

5. Concluindo, o analista que se limite a votar contra não realiza a conduta a que estava juridicamente obrigado – adequada a obstar à verificação do resultado – em virtude da posição de garante primário que detém. Esta sua omissão, ante o comportamento ativo dos demais analistas, terá de ser vista como cumplicidade omissiva na medida em que este não detém o exclusivo domínio do facto criminoso, traduzindo-se numa facilitação (dolosa) da divulgação levada a cabo pelos coautores imediatos. Se, todavia, forem praticados todos os atos de execução necessários à divulgação mas esta só venha a ocorrer em tempo posterior, dependendo do modo de funcionamento concreto da SNR, poderá afirmar-se que o omitente-garante é o único interveniente que controla naquele espaço de tempo o curso lesivo do facto, o que significa afirmar que este é o único a deter o respetivo domínio. Nesta hipótese, se conscientemente não impede a

[274] Bernardo Feijoo Sánchez, "Autoria e participação em organizações empresariais complexas", *in* (Coord.:) Maria Fernanda Palma; Augusto Silva Dias e Paulo de Paulo de Sousa Mendes, *Direito penal económico e financeiro: Conferências do curso pós-graudado de aperfeiçoamento*, 2012, p. 139.

divulgação num momento em que é o único com domínio sobre a mesma, a omissão terá o significado de autoria, paralela com a coautoria ativa dos demais. A ação adequada a obstar à divulgação será, nestes casos, nomeadamente, a sua denúncia aos órgãos superiores da SNR ou a uma autoridade externa.

Não parece que esta solução conduza a um alargamento inadmissível da norma incriminadora porquanto apenas as omissões dolosas serão típicas. O dolo do agente, neste caso, terá de ser conciliado com a problemática da tomada de decisões em ambiente de risco, que foi exposta em parte anterior deste trabalho. Se se entender que não se deve identificar uma posição de garantia[275] nos analistas que diretamente aprovam a notação final, uma eventual facilitação meramente causal da divulgação em virtude de um voto será objetivamente atípica, na esteira do que defende Ricardo Robles Planas.[276] O exercício do direito de voto, sem a posição de garantia, traduz-se num comportamento neutro que se move no plano profissional.

5.2. A responsabilidade do analista principal

Uma vez analisada a responsabilidade daqueles que podem realizar materialmente a conduta proibida importa expandir a análise aos demais sujeitos intervenientes no processo de notação.

1. O analista principal pode assumir uma *"figura central"* no processo de notação. A este cabe a recolha das principais informações subjacentes à notação o que, é bom de ver, se traduz numa fértil oportunidade de introduzir uma informação que realize o tipo de manipulação do mercado.

Como se viu, a autoria no nosso sistema centra-se na fase executiva do delito e no modo como os vários intervenientes se ligam aos atos de execução. A solução comparticipativa da coautoria dos analistas que compõem

[275] Santiago Mir Puig, *Derecho penal: parte general*, 1998, p. 309 afirma que a admissibilidade de uma posição de garantia apenas pode ocorrer em casos inequívocos, em nome da segurança jurídica e do princípio *in dubio pro reo*.

[276] Ricardo Robles Planas, *Estudios de Dogmática Jurídico-Penal – Fundamentos, Teoría del Delito y Derecho Penal Económico*, 2014, p. 243 a 267.

o comité passou por concluir que era ali que se iniciava a conexão de risco típica exigida pela qualificação de um ato como executivo.

Assim, avance-se, a intervenção deste sujeito apenas poderá fundamentar situações de autoria mediata ou de instigação e demais casos de participação.

2. A autoria mediata deste sujeito estriba-se no seu domínio do facto (domínio da vontade, na conceção roxiniana)[277] em virtude de *domínio do erro no executor material*. Ao ser o principal responsável pela recolha da informação, ao nela introduzir pressupostos falsos e ao proceder à recomendação de notação sem revelar a verdade permite-lhe *criar* e *dominar* uma situação de erro nos analistas do comité quanto à falsidade da informação, instrumentalizando-os.[278]

As situações de instrumentalização por erro do executor analisadas pela doutrina consistem numa constelação de casos, aos quais se fará referência na medida da utilidade para o caso concreto.

Assim, é possível discernir situações de provocação dolosa de um erro sobre os elementos de facto ou de direito de um tipo de crime que exclui o dolo do executor material (*erro de tipo*), nos termos do n.º 1 do art.16.º CP.[279] Esta situação verifica-se quando os analistas se encontram sem dolo ou numa situação de negligência inconsciente (al. b) do art. 15.º CP). Como ensina Helena Mourão, a ressalva da punibilidade da negligência nos termos do n.º3 do art. 16.º CP não "quebra o nexo de imputação objetiva" de risco entre a conduta do executor material e a "incidência instrumentalizadora" do homem-de-trás.[280] Entende também que nos casos de negligência consciente (al. a) do art. 15.º CP) não se verifica a influência criadora ou

[277] Claus Roxin, *Autoría y domínio del hecho en derecho penal*, 2000, p. 194 e ss.; Claus Roxin, *Derecho Penal: Parte General: Tomo II: Especiales formas de aparición del delito*, 2014 p. 84 e ss..

[278] Carolina Bolea Bardón, "La autoría mediata en algunos supuestos de error", *in Revista de derecho penal y criminologia*, n.º12, 2003, p. 11 a 44, rejeita que seja o princípio da responsabilidade a decidir da autonomia desta figura, antes entendendo que esta radica na imputação ao homem-de-trás, por facto próprio, do domínio do risco de perigo da atuação do executor material.

[279] Helena Mourão, *Autoria e Execução Comparticipadas*, 2014, p. 190 e ss..

[280] Helena Mourão, *Autoria e Execução Comparticipadas*, 2014, p. 193.

aproveitadora exigida para esta modalidade comparticipativa, verificando a existência de uma lacuna de punibilidade resultante da atipicidade da participação em facto negligente.[281] Esta lacuna não se verifica, destarte, nos casos em que a conduta de influência do agente sobre o autor imediato que age com negligência consciente se traduza, ela própria, num ato de execução nos termos da al. c) do n.º 2 do art. 22.º, caso em que, na sua opinião, se estará perante um caso de coautoria, nomeadamente unilateral.[282] Todavia, é bastante duvidosa a possibilidade de coautoria, ainda que se aceite a admissibilidade de esta puder ser unilateral, entre "coautores" negligentes e um "coautor" doloso, quando a negligência de manipulação do mercado não é punível. Uma situação de negligência consciente, no caso de manipulação do mercado, apenas pode ser objetivamente imputável à conduta do homem-de-trás num esquema de autoria mediata quando o afastamento do elemento volitivo do dolo (que distingue a negligência consciente do dolo eventual) àquele se deva. Uma imputação deste género que permita sustentar uma base de instrumentalização do homem-de-trás tem-se por verificada quando haja uma provocação dolosa de erro sobre a probabilidade de produção do resultado, fundada, como defende Claus Roxin,[283] no superior conhecimento daquele. Isso acontecerá, por exemplo, quando os analistas que componham o comité se encontrem erro sobre a idoneidade para a alteração artificial introduzida no mercado, confiando nos conhecimentos detidos pelo analista principal que, em virtude das funções desempenhadas, detém maior volume de informação.

Em suma, o analista principal deve ser qualificado de autor mediato da manipulação do mercado quando induz em erro os analistas do comité quanto ao caráter falso, exagerado, incompleto ou tendencioso da informação que sustenta a notação recomendada, na medida em que esses elementos são elementos do tipo cujo desconhecimento exclui o dolo. Também assim sucederá quando, apesar de comunicar aos elementos do comité as características reais da informação, lhes omita outras quantas

[281] Helena Mourão, *Autoria e Execução Comparticipadas*, 2014, p. 192.

[282] Helena Mourão, *Autoria e Execução Comparticipadas*, 2014, p. 426 e ss.

[283] Claus Roxin, *Autoría y dominio del hecho en derecho penal*, 2000, p. 216 e ss. e 247 e ss. soluciona o problema recorrendo à diferença entre conhecimentos detidos pelos sujeitos, enquadrando na autoria mediata os casos de "superior conhecimento do homem-de-trás" sobre a probabilidade de lesão.

que permitam uma avaliação correta da produção do resultado lesivo. Neste último caso, a ausência de elemento volitivo que sustenta a negligência consciente não punível deve-se objetivamente à conduta do analista principal.

3. Outro grupo de casos consiste na instrumentalização em virtude da criação de erro não censurável sobre a ilicitude que exclui a culpa do executor material (*erro de proibição*), nos termos do n.º 1 do art. 17.º. Neste caso, ao contrário do anterior, a verdade omitida não se situa num âmbito de exclusivo domínio do analista principal. O analista principal e os analistas executores são pares profissionais, cuja profissão exige especiais conhecimentos técnicos, onde se incluem as normas que regulam os mercados financeiros. Assim, não parece concebível a causação de erro sobre a ilicitude não censurável pelo primeiro sobre o segundo. Como explica também HELENA MOURÃO, a provocação de erro sobre a ilicitude censurável no homem-da-frente não permite estabelecer um nexo de imputação típico da autoria mediata, antes se deve a uma "atitude indiferente ou hostil ao Direito" própria deste.[284] [285]

4. Importa ainda considerar o caso em que o analista principal comunica aos analistas do comité todas as informações necessárias à correta perceção do caráter manipulativo da notação recomendada. Este será um caso clássico de *instigação*, nos termos da parte final do art. 26.º CP. A recomendação de notação escora-se, assim, numa determinação de outrem à prática da manipulação do mercado não se identificando qualquer instrumentalização dos coautores imediatos. A figura da instigação tem sido alvo de algum debate na doutrina nacional acerca da sua inserção na autoria ou na participação.[286] A punição da instigação com a pena do autor, mesmo que de participação se trate, conduz à necessidade de se proceder a uma

[284] HELENA MOURÃO, *Autoria e Execução Comparticipadas*, 2014, p. 200 a 212.

[285] As outras modalidades de autoria mediata em virtude de erro do executor não parecem oferecer qualquer especificidade no caso concreto, pelo que não serão analisadas. São ainda concebíveis situações diversas quando, por exemplo, em conluio com alguns analistas do comité se pretende induzir em erro os restantes para a aprovação maioritária da notação que consubstancia um caso de coautoria mediata ativa.

[286] HELENA MOURÃO, *Autoria e Execução Comparticipadas*, 2006, p. 35.

destrinça entre instigação e auxílio moral (art. 27.º CP), independentemente de se considerar a primeira uma modalidade de autoria, como o faz JORGE DE FIGUEIREDO DIAS,[287] ou antes um modo de cumplicidade que, por razões político-criminais, se encontra sujeita à moldura penal da autoria. O problema assume maior acuidade no caso em que o comportamento comum do analista se traduz numa recomendação, que é incluído nas modalidades de instigação-indução.[288]

A distinção entre instigação e cumplicidade (em sentido estrito) é feita por HELENA MOURÃO,[289] com recurso a critérios de imputação objetiva, coincidindo o desvalor objetivo da conduta do instigador com a criação de um "risco proibido de nascimento e execução de uma decisão criminosa que se materializa efetivamente numa resolução e início de execução por parte do autor principal". O cúmplice limitar-se-ia a potenciar um risco proibido já existente, através do reforço da decisão criminosa do autor.

Parece ser este o melhor enquadramento a dar à distinção, importando no caso concreto determinar de que modo a recomendação pelo analista principal de se proceder à divulgação de uma notação que realize o tipo se traduz numa verdadeira criação de vontade de execução do facto típico nos analistas que componham o comité.

5.3. A responsabilidade do emitente objeto da notação

1. O mesmo raciocínio exposto para o analista principal pode, em certa medida, transpor-se para o emitente objeto da notação que com ele comunica. Com efeito, é plausível que o principal interessado numa notação favorável transmita informação falsa ao analista principal ou omita informação relevante. Será caso paradigmático aquele em que, por exemplo, um

[287] JORGE DE FIGUEIREDO DIAS, "La instigación como autoria: ?un requiem por la "participación" como categoría de la dogmática jurídico-penal portuguesa", *in* AA.VV., *Homenaje al Profesor Dr. Gonzalo Rodríguez Mourullo,* Mardid, Civitas, 2005, p. 343 e ss..

[288] JORGE DE FIGUEIREDO DIAS, *Direito penal: parte geral: Questões fundamentais: a doutrina geral do crime,* 2007, p. 799.

[289] HELENA MOURÃO, *Autoria e Execução Comparticipadas,* 2006, p. 162.

banco oculte informações relevantes em informação não pública, sendo estas um fator importante a ter conta na notação.[290]

A especificidade reside no facto de o analista principal ter o dever de recolher outras informações que não as fornecidas pelo emitente e de proceder a um juízo crítico das mesmas. Uma situação de autoria mediata em virtude de erro dependerá de um concreto juízo de instrumentalização do analista principal que, em erro, recomenda ao comité determinada notação em informação falsa. O erro deste "transmite-se" ao comité, sendo contudo possível continuar a imputar o nexo de instrumentalização daqueles que materialmente vão divulgar a notação ao emitente.

Do mesmo passo, é possível existirem condutas de instigação e de cumplicidade por parte do emitente notado, valoradas eventualmente num quadro de instigação em cadeia, admitida entre nós.[291]

5.4. A responsabilidade de outros sujeitos no âmbito da sociedade de notação de risco – os membros dos órgãos do conselho de administração e supervisão em especial

1. Foi também referido que as SNR dispõem de funcionários encarregados de criar as metodologias de notação e, por força do Regulamento, é necessária a existência de um departamento com a função de análise periódica das metodologias, modelos e principais pressupostos de notação.

Importa, com efeito, avaliar a possibilidade de o caráter manipulativo da notação advir das metodologias aplicadas pelos analistas. Assim, por hipótese, um funcionário encarregado de acompanhar ou elaborar certa metodologia aplicável a um certo grupo de emitentes pode encontrar-se numa situação de conflito de interesse, por deter posições de investimento em instrumentos financeiros por aqueles emitidos. Pode omitir da metodologia certos pressupostos relevantes que saiba que conduzirão à atribuição de uma notação condizente com o seu interesse.

[290] CMVM, *Contraordenações e Crimes no Mercado de Valores Mobiliários: O sistema sancionatório, a evolução legislativa e as infrações imputadas*, 2015, p. 183-186.

[291] Helena Mourão, *Da Instigação em Cadeia: Contributo para a Dogmática das Formas de Comparticipação na Instigação*, 2006.

2. Para descortinar a responsabilidade destes sujeitos é necessário atender ao princípio da competência e à divisão de tarefas no contexto empresarial.[292] Assim, é possível afirmar que estes sujeitos se encontram no plano horizontal da hierarquia na SNR com os analistas que intervêm no processo de notação. Vigora então o princípio da confiança, determinando que no âmbito de divisão de funções cada membro responda pelo feixe de competências que detém, podendo *confiar* no correto desempenho das funções pelos demais.

Há, também aqui, lugar à aplicação da figura da autoria mediata em virtude de erro do executor material. O domínio do facto é detido pelo funcionário que tem competência exclusiva sobre a elaboração da metodologia e é especialmente reforçado em virtude da confiança gerada pela divisão de tarefas.

3. Finalmente, cumpre avaliar da responsabilidade dos sujeitos que desempenham funções de *gatekeeper* dentro da SNR, cuja existência é determinada pelo Regulamento: os responsáveis pelo departamento com a função de análise, os que integrem o departamento de *compliance* e os membros dos órgãos de administração ou supervisão.

São estes sujeitos de cúpula que têm suscitado a maior atenção da doutrina, em especial motivada pelos casos de responsabilidade pelo produto.

Seguindo o ensinamento de Bernardo Feijoo Sánchez, "a empresa tem uma posição de garante originária que é assumida por dirigentes e administradores e que vai gerando, em cadeia, uma delegação de deveres parciais".[293] Esta posição de garante pode ser densificada através do Regulamento, que estabelece uma série deveres para SNR e alguns

[292] Bernardo Feijoo Sánchez, "Autoria e participação em organizações empresariais complexas", *in* (Coord.:) Maria Fernanda Palma; Augusto Silva Dias e Paulo de Sousa Mendes, *Direito penal económico e financeiro: Conferências do curso pós-graduado de aperfeiçoamento*, 2012, p. 148-149; Ricardo Robles Planas, *Estudios de Dogmática Jurídico-Penal – Fundamentos, Teoría del Delito y Derecho Penal Económico*, 2014, p. 244 e ss..

[293] Bernardo Feijoo Sánchez, "Autoria e participação em organizações empresariais complexas", *in* (Coord.:) Maria Fernanda Palma; Augusto Silva Dias e Paulo de Sousa Mendes, *Direito penal económico e financeiro: Conferências do curso pós-graduado de aperfeiçoamento*, 2012, p. 149.

especificamente dirigidos a estes sujeitos. O Regulamento é expresso na subordinação do departamento com a função de análise ao órgão de administração ou supervisão. Já quanto ao departamento de *compliance*, apesar de não se prever uma subordinação expressa, alguma doutrina, como Ricardo Robles Planas,[294] conclui pela posição de garante delegada ou derivada do órgão com funções diretivas.

4. O principal problema é, assim, apurar da relevância jurídico-penal da conduta dos membros do órgão diretivo afim de encontrar um cómodo enquadramento na autoria (art. 26.º CP) ou na participação (art. 27.º CP) face à conduta ativa de um subordinado. Importa equacionar se, nos casos em que a omissão funcional se traduza numa omissão impura, o dirigente (i) se apresenta como comparticipante do subordinado, em coautoria com o agente imediato; (ii) é autor imediato por omissão, em autoria paralela com o subordinado; e (iii) a sua omissão traduz-se numa participação omissiva.

As respostas têm sido variadas, mas em fundo comum têm a posição de garante do dirigente.[295]

[294] Ricardo Robles Planas, *Estudios de Dogmática Jurídico-Penal – Fundamentos, Teoría del Delito y Derecho Penal Económico,* 2014, p. 271-289, *maxime* p.275; Thomas Rotsch, *Criminal Compliance, Barcelona,* InDret, 1/2012, janeiro de 2012.

[295] Bernd Schünemann, "Cuestiones básicas de dogmática jurídico-penal y de política criminal acerca de la criminalidad de empresa", *in Anuario de derecho penal y ciencias penales,* 41 (1998), 1988; Günther Jakobs, *Derecho Penal: Parte General: Fundamentos y teoría de la imputación,* 1997, p. 965 e ss; Percy García Cavero, "La posición de garantia del empresario: a propósito del caso utopia", *in* AA.VV., *Homenaje al Profesor Dr. Gonzalo Rodríguez Mourullo,* Mardid, Civitas, 2005, p. 381 e ss.; Juan Antonio Lascuraín Sánchez, "Fundamento y límites del deber de garantía del empresario", *in* AA.VV., *Hacia un Derecho Penal Económico Europeo: Jornadas en honor del Professor Klaus Tiedemann,* Madrid, Boletin Oficial del Estado, 1995, p. 209 e ss.; Lothar Kuhlen, "Necesidad y limites de la responsabilidad penal por el produto", *in Anuario de derecho penal y ciencias penales,* Tomo 55, Fasc.1, 2002, p. 67-90; João Matos Viana, *Autoria na criminalidade de empresa,* 2007, p. 158 e ss.; Augusto Silva Dias, *Ramos emergentes do direito penal relacionados com a protecção do futuro:* ambiente, consumo e genética humana, 2008, p.197 e 229; Pedro Correia Gonçalves, "A Responsabilidade por omissão dos administradores e gestores empresariais", *in Revista Portuguesa de Ciência Criminal,* n.º 4, Ano 19, outubro-dezembro 2009, p. 529-573.

João Matos Viana,[296]que acolhe no essencial o pensamento de Bernd Schünemanm,[297] analisa os casos em que o dirigente dá uma ordem para o cometimento do crime, omitindo o exercício dos seus poderes funcionais de controlo na fase de execução do delito. Seria, em sua opinião, um caso de coautoria ativa, traduzindo-se numa atualização de um contributo ativo prévio na fase de execução por força da posição de garante que detém. Assim, através da omissão de garante o agente "toma parte direta na execução".

Também Muñoz Conde defende a solução da coautoria em contexto empresarial, chamando à colação o domínio funcional do facto roxiniano enquanto figura apta a valorar como um todo, numa "consideração global de sucesso", contributos de configuração da execução na fase preparatória.[298]

Em sentido próximo, Augusto Silva Dias[299] também defende a figura da coautoria fundada no "domínio da organização" para a execução do facto ilícito. Importa, na sua construção, que se identifique a posição de garante do dirigente do sector em que o crime foi cometido, fundada na competência formal e posição de domínio fático e, em segundo lugar, que se identifique o "domínio da organização" que visa comprovar se a sua atuação teve força conformadora do facto para concluir que tenha tomado parte direta na execução. A sua posição limita-se a ter por coautores os dirigentes intermédios, sendo que os dirigentes máximos podem ser considerados instigadores.

Quem, entre nós, mais aprofundadamente trata o tema é Teresa Quintela de Brito.[300]A Autora entende, em síntese, que toda a autoria

[296] João Matos Viana, *Autoria na criminalidade de empresa*, 2007, p.177 e ss..

[297] Bernd Schünemann, "Responsabilidad penal en el marco de la empresa: dificultades relativas a la individualización de la imputación", *in Anuario de derecho penal y ciencias penales*, 55 (2002), p. 19.

[298] Muñoz Conde, "Problemas de autoría y participación en el derecho penal económico, o ¿como imputar a título de autores a las personas que sin realizar acciones ejecutivas, deciden la realización de un delito en el ámbito de la delincuencia económica empresarial?", *in Revista Penal*, n.º 9, janeiro de 2002, p. 82.

[299] Augusto Silva Dias, *Ramos emergentes do direito penal relacionados com a protecção do futuro:* ambiente, consumo e genética humana, 2008 p. 184 e ss..

[300] O pensamento da Autora encontra-se em vários textos dispersos: Teresa Quintela de Brito, "A determinação das responsabilidades individuais no quadro de organizações complexas", *in* (Coord: PALMA, Maria Fernanda; DIAS, Augusto Silva e MENDES, Paulo

do dirigente se escora no "domínio da organização", enquanto senhorio da execução típica, sendo possível enquadrar a autoria do dirigente em qualquer modalidade típica de autoria, em função do conteúdo concreto da mediação da própria organização relativamente à conduta dos subordinados. Esta mediação pode fundamentar situações de autoria imediata, mediata ou coautoria na execução do facto típico.

5. Não cabe no presente trabalho desenvolver com a profundidade desejável as várias posições indicadas. A aplicação das figuras comparticipativas aos dirigentes da SNR não pode, contudo, resvalar para uma desconfiguração total das mesmas, mesmo que se entenda que são tipos abertos, sob pena de violação do princípio da tipicidade.

6. Esta desconfiguração ocorreu nas tentativas de aplicação às organizações empresarias da figura da autoria mediata por aparelho organizado de poder desenvolvida por Claus Roxin,[301] a partir de uma sugestão em *obiter dictum* do BGH, e é claramente denunciada por Teresa Serra.[302]

Não parece ser possível descortinar algum caso na SNR de prática de atos parciais de manipulação, ordenada pelo dirigente, atendendo ao processo de notação em causa. Para estes, alguma doutrina encontra

de Sousa) AA.VV., *Direito Sancionatório das Autoridades Reguladoras,* Coimbra, Coimbra Editora, 2009, p. 75-103; Teresa Quintela de Brito, "Crime Omissivo e novas representações da responsabilidade social", *in AA.VV., Liber Amicorum de José de Sousa Brito em comemoração do 70º Aniversário: Estudos de Direito e Filosofia,* 2009, p. 921-943; Teresa Quintela de Brito, "Domínio do facto, organizações complexas e autoria dos dirigentes", *in* (Coord.: PALMA, Maria Fernanda; DIAS, Augusto Silva e MENDES, Paulo de Sousa) AA.VV, *Direito penal económico e financeiro: Conferências do curso pós-graudado de aperfeiçoamento,* Coimbra, Coimbra Editora. agosto de 2012 ,p. 163 e ss.; Teresa Quintela de Brito, "Autoria e participação em organizações empresariais complexas", *in Centro de Estudos Judiciários, Criminalidade Económico-Financeira: Temas de Teoria Geral do Direito Penal na Criminalidade Económico-Financeira,* Tomo I, Lisboa, CEJ, 2014, p. 11 e ss., desenvolvidas em Teresa Quintela de Brito, *Domínio da Organização para a execução do facto: Responsabilidade Penal de Entes Coletivos, dos Seus Dirigentes e "Atuação em nome de outrem",* 2012.

[301] Claus Roxin, *Autoría y dominio del hecho en derecho penal,* 2000, p. 246 e ss; Claus Roxin, "El dominio de organización como forma independiente de autoría mediata", *in Revista Penal,* n.º 18, julho 2006, p. 242 e ss..

[302] Teresa Serra, "A autoria mediata através do domínio de um aparelho organizado de poder", *in Revista Portuguesa de Ciência Criminal,* Ano 5, 1995, p. 303 e ss..

fundamento para a aplicação da figura da autoria mediata em virtude do "domínio da vontade pelo domínio do todo"[303] ou, até, autoria imediata do dirigente, por inexistência de facto juridicamente relevante do homem-da-frente que permite recusar uma relação de interposição entre o facto e o homem-de-trás.[304]

7. O poder de direção do órgão de cúpula não lhe permite ter influência concreta na notação atribuída mas tão-somente influenciar a identidade dos analistas envolvidos. Este poder é simultaneamente um dever, decorrente do Regulamento, no sentido de afastar do processo de notação quaisquer analistas ou demais funcionários da SNR que se encontrem numa situação de conflito de interesses. A margem de competência atribuída aos elos inferiores e a impossibilidade de interferência direta por parte dos dirigentes dificilmente se compatibiliza com alguma modalidade de autoria mediata por erro do executor material.[305]

Antes parece que o único modo de intervenção no facto se traduza numa omissão funcional, principalmente pela omissão dolosa de evitar situações de conflito de interesses na SNR. Cabe-lhes, em termos mais rigorosos, conter dentro das margens do permitido o risco de comissão do crime, nisto consistindo a sua posição de garante. Uma imagem orientadora da sua atuação pode ser retirada do Regulamento, que visa justamente impor um conjunto de medidas organizativas nas SNR com o objetivo de garantir a qualidade das notações, especialmente pela erradicação de conflitos de interesse.

8. Entende-se, com Helena Mourão,[306] que o contributo específico do coautor se traduz num contributo direto na fase executiva, tomando parte direta numa execução conjunta. A Autora assinala que pese embora exista

[303] Frederico de Lacerda da Costa Pinto, *Manipulação do mercado: âmbito material e prova judicial*, 2016, p. 10.

[304] Teresa Quintela de Brito, "Autoria e participação em organizações empresariais complexas", *in Centro de Estudos Judiciários, Criminalidade Económico-Financeira: Temas de Teoria Geral do Direito Penal na Criminalidade Económico-Financeira*, 2014, p. 26.

[305] Pode, naturalmente, existir situações que configurem autoria mediata por coação do *homem-da-frente*, como em qualquer empresa.

[306] Helena Mourão, *Autoria e Execução Comparticipadas*, 2014, p. 310 e ss e 429 e ss..

uma certa equivalência valorativa por força do art. 10.º CP entre o desvalor ativo do subordinado e o desvalor omissivo do dirigente, para efeitos de realização, ambos "não correspondem ao mesmo comportamento típico concreto."[307] As tentativas de alargar a figura comparticipativa da coautoria a estágios pré-executivos, ainda que no plano do contributo objetivo do agente, através da essencialidade do contributo,[308] da força modeladora da execução[309] ou da atualização na fase executiva[310] não logram explicar convincentemente o desvalor típico do contributo do coautor numa lógica de distinção qualitativa entre autoria e participação, como também demonstra HELENA MOURÃO.[311]

9. TERESA QUINTELA DE BRITO procura identificar um caso de exceção na criminalidade de empresa: apesar de rejeitar a coautoria entre agente ativo e agente omissivo em geral, conclui que na empresa, dada a interseção da esfera de responsabilidade do trabalhador no âmbito mais largo da esfera do dirigente, é concebível uma situação de coautoria.[312] O seu pensamento funda-se na circunstância de as organizações empresariais se estruturarem em redes de delegação de competência, concluindo que a esfera de organização e competência funcional do dirigente não se separa e autonomiza da esfera de organização e competência funcional do subordinado delegado – aqui reside, em sua opinião, o fundamento normativo para imputação simultânea do facto ao executor material e ao seu superior.

[307] HELENA MOURÃO, *Autoria e Execução Comparticipadas*, 2014, p. 433.

[308] CLAUS ROXIN, *Autoría y domínio del hecho en derecho penal*, 2000, p. 277 e ss.

[309] Günther JAKOBS, *Derecho Penal: Parte General: Fundamentos y teoría de la imputación*, 1997, p. 746-747, crítica em TERESA QUINTELA DE BRITO, "Domínio do facto, organizações complexas e autoria dos dirigentes", *in* (Coord.: PALMA, Maria Fernanda; DIAS, Augusto Silva e MENDES, Paulo de Sousa) AA.VV, *Direito penal económico e financeiro: Conferências do curso pós-graudado de aperfeiçoamento*, 2012, p. 1160 e ss; JOÃO MATOS VIANA, *Autoria na criminalidade de empresa*, 2007, p. 49 e ss..

[310] JORGE DE FIGUEIREDO DIAS, *Direito penal: parte geral: Questões fundamentais: a doutrina geral do crime*, 2007, p. 794 e ss.; JOÃO MATOS VIANA, *Autoria na criminalidade de empresa*, 2007, p. 177 e ss..

[311] HELENA MOURÃO, *Autoria e Execução Comparticipadas*, 2014, p. 407-414.

[312] TERESA QUINTELA DE BRITO, *A Tentativa nos Crimes Comissivos por Omissão: Um Problema de Delimitação da Conduta Típica*, 2000, p. 29-33.

Não se compreende, todavia, como é que esse fundamento normativo de imputação simultânea permite concluir por uma execução conjunta de um mesmo facto quando em nada altera a estrutura diversa de domínio do facto entre agente ativo e agente omissivo. Como igualmente nota Helena Mourão, esta interseção de responsabilidade verifica-se também noutras situações de instigador-garante sem que este se transforme em coautor do instigado.[313]

10. A especificidade da posição do dirigente empresarial e os poderes conformativos da organização que detém apenas fundam a sua posição de garantia. Daqui resulta a possibilidade limitada de identificar nestes casos situações de autoria ou cumplicidade omissivas, nos mesmos termos já vistos para os membros do comité. A existir uma ordem direta para comissão do delito, haverá instigação que, punida mais severamente, fará recuar as outras figuras de acordo com as regras da subsidiariedade.[314]

11. Conclui-se que os membros do órgão de supervisão ou administração, bem como os membros de outros órgãos com função de vigilância enquanto garantes-delegados e sem exoneração completa dos primeiros, apenas podem responder num quadro omissivo enquanto cúmplices dos autores materiais da manipulação do mercado quando estes atuem de modo plenamente responsável. Identificado algum momento em que estes detenham exclusivo domínio do facto poder-se-á estar perante autoria omissiva paralela.

12. Note-se que não se nega a possibilidade de existirem situações de coautoria entre estes sujeitos – apenas assim não sucederá num quadro atuação puramente omissiva do garante (com ou sem instigação prévia). Se, por hipótese, para a elaboração de um processo de notação concreto, algum destes membros, ao abrigo dos poderes que detém, nomeia um analista

[313] Helena Mourão, *Autoria e Execução Comparticipadas*, 2014 p. 434; Claus Roxin, "Direccion de la organización como autoria mediata", *in Anuario de derecho penal y ciencias penales*, Tomo 62, fasc. 1, 2009, p. 54; Claus Roxin, "El dominio de organización como forma independiente de autoría mediata", *in Revista Penal*, 18 (2006), p. 247 e ss..

[314] Augusto Silva Dias, *Ramos emergentes do direito penal relacionados com a protecção do futuro:* ambiente, consumo e genética humana, 2008, p. 224.

principal (ou vários analista do comité) com o qual se encontra conluiado sabendo que este, por se encontrar em conflito de interesses, irá ser determinante na aprovação de uma notação com informação falsa de acordo com o interesse de ambos, haverá manipulação do mercado em coautoria ativa. Isto porque, dominando nessa medida os processos de funcionamento da empresa, a nomeação de um agente em conluio já se apresenta como um ato de execução dada a conexão típica de risco[315] entre a conduta e o resultado exigido pela al. c) do art. 22.º CP. A solução, todavia, é indiferente ao facto de existir uma omissão dos poderes funcionais do dirigente, importa pois uma conduta ativa, com base naqueles poderes, que lhe permite tomar parte direta na execução.

5.5. Proposta de *jure condendo* da criação de tipos omissivos próprios

1. Atendendo às dificuldades teóricas que a adaptação de figuras comparticipativas às novas realidades para as quais não foram concebidas, mais prudente seria a responsabilização dos dirigentes por via legislativa.

É assim de aplaudir a opção da criação do tipo omissivo próprio consignado no n.º 3 do art. 379.º CVM para os titulares de órgãos de administração e supervisão de intermediários financeiros[316] (com a cláusula de subsidiariedade expressa na parte final de molde a ressalvar a sua punição enquanto instigadores, autores mediatos ou coautores da própria manipulação).[317]

2. A criação, *de jure condendo*, de um tipo omissivo deste género, aplicável aos dirigentes empresariais pela omissão do dever de impedir condutas ilícitas dos seus subordinados obviaria às dificuldades aqui encontradas.

Assim, na Alemanha, defendem um alargamento do tipo previsto no §357 do StGB, que pune a instigação e a tentativa de instigação do

[315] Helena Mourão, *Autoria e Execução Comparticipadas*, 2014, p. 363.

[316] As entidades previstas no art. 293.º CVM.

[317] Frederico de Lacerda da Costa Pinto, *O Novo Regime dos Crimes e Contra-Ordenações no Código dos Valores Mobiliários*, 2000, p. 95-96.

subordinado por parte do funcionário público dirigente com a pena prevista para esse facto, nomeadamente Claus Roxin[318] ou Klaus Tiedemann.[319] Já no âmbito do Direito penal europeu, o art. 13.º do *Corpus Iuris para a Proteção dos Interesses Financeiros da União Europeia* bem como o art. 15.º do *Eurodelitos* contêm regras específicas para a responsabilização dos dirigentes.[320]

[318] Claus Roxin, "El dominio de organización como forma independiente de autoría mediata", *in Revista Penal,* 18 (2006), p. 248.

[319] Klaus Tiedmann, "La regulación de la autoría y la participación en el Derecho Penal europeo: Estado de la cuestión, tendencias de armonización y propuestas de modelo", *in Revista Penal,* n.º 5, 2000.

[320] Helena Mourão, *Autoria e Execução Comparticipadas,* 2014, p. 313-315; Augusto Silva Dias, *Ramos emergentes do direito penal relacionados com a protecção do futuro:* ambiente, consumo e genética humana, 2008, p. 228; Teresa Quintela de Brito, *Domínio da Organização para a execução do facto: Responsabilidade Penal de Entes Coletivos, dos Seus Dirigentes e "Atuação em nome de outrem"*, 2012, p.236 e ss., 413 e ss. e 1381-1384; Bernd Schünemann, "Sobre la regulación de los delitos de omisión impropria en los eurodelitos", *in* (Coord.:) Luis Arroyo Zapatero; Klaus Tiedman e Adán Nieto Martín, *Eurodelitos,* México, Instituto Nacional de Ciencias Penales, 2006, p. 33 e ss; Klaus Tiedmann, La regulación de la autoría y la participación en el Derecho Penal europeo: Estado de la cuestión, tendencias de armonización y propuestas de modelo", *in Revista Penal,* 5 (2000); Enrique Bacigalupo, "El Corpus Iuris y la tradición de la cultura jurídico-penal europea", *in* (Dir.) Bacigalupo, Enrique *et. al., Curso de Derecho Penal Económico,* Madrid, Marcial Pons, 1998, p. 397 e ss; Kai Ambos, "La responsabilidade del superior en el Derecho penal internacional", *in Anuario de derecho penal y ciencias penales,* Tomo 52, 1999, p. 5

CONCLUSÃO

A principal conclusão a retirar do presente trabalho, após uma análise da realidade subjacente à atividade de notação de risco, é que o paradoxo evidenciado na introdução – assente na contradição que existe entre, por um lado, a atribuição unânime de um papel fulcral às sociedades de notação de risco no âmbito do mercado de instrumentos financeiros e, por outro lado, a alegada impossibilidade de responsabilização jurídico-penal pela realização do crime de manipulação do mercado – é, na verdade, aparente e ultrapassável mediante uma interpretação da norma incriminadora que procure não mutilar o seu âmbito de operatividade. Uma correta interpretação teleológica e sistemática da norma incriminadora leva a concluir que esta tem aptidão para abarcar as condutas mais graves que se possam verificar no exercício da atividade de notação de risco.

Essencial para a compreensão da relação entre a atividade de notação de risco e a manipulação do mercado é a conclusão de que uma opinião emitida através de uma entidade dotada de inegável poder no mercado não pode ser artificialmente dissociada dos fundamentos fáticos e objetivos que lhe subjazem. À transmissão dessa opinião acresce, até por imposição legal, a divulgação dos fundamentos que constam do relatório de notação, sendo neste ato de comunicação que reside a divulgação de informação suscetível de ser falsa, incompleta, exagerada ou tendenciosa, idóneo a alterar artificialmente o regular funcionamento do mercado enquanto decorrência dos efeitos que a própria notação nele desempenha. Assim, verificados todos os pressupostos quanto à tipicidade, ilicitude, culpa e punibilidade, a conduta realiza o crime de manipulação do mercado. Do mesmo passo, concluiu-se que a equiparação entre a notação e a opinião jornalística não obsta à responsabilização dos agentes, pois também nesta é possível destrinçar a diferença entre informação e opinião, como demonstram a regulamentação europeia e a tendência jurisprudencial dos Estados Unidos de afastamento da proteção da Primeira Emenda da Constituição.

Subsidiariamente, procurou-se defender que uma interpretação do conceito de divulgação fundado num ato isolado e naturalístico, que esqueça a permanente relação de comunicação estabelecida entre quem divulga e a quem é divulgado, apresenta resultados de comportamentos aparentemente omissivos, de difícil enquadramento na norma incriminadora e pouco condizentes com a realidade decetiva que se gera através da conduta incriminada.

Com efeito, recorreu-se a um conjunto exemplificativo de casos de possível realização típica, defendendo-se que a não divulgação de conflitos de interesses pode constituir divulgação de informação incompleta ou falsa, que notação de risco não solicitada se pode subsumir à divulgação de informação incompleta e que a metodologia da notação de risco pode acarretar divulgação de informação exagerada ou tendenciosa.

Finalmente, a resolução dos problemas causados pela comissão de crimes no âmbito de estruturas empresarias complexas, onde se relacionam diversos sujeitos com círculos de responsabilidade díspares e com modos de intervenção no delito distintos, reside numa adaptação das categorias dogmáticas da autoria e participação criminosas, sem desvirtuamento do modelo comparticipativo adotado pelo legislador. Aqui se procurou defender que as figuras com vocação para a resolução desses problemas são, em regra: a *coautoria ativa* e *imediata* dos analistas que votem a favor da divulgação; a *cumplicidade* ou *autoria paralela omissivas* do analista que vote contra, de acordo com uma rejeição de autoria omissiva fundada exclusivamente na titularidade do dever de garante e na possibilidade de intervenção no delito graduável em função do domínio do facto também existente numa omissão; a *autoria mediata* ou a *participação* do analista principal e do emitente objeto da notação, a título *instigação* ou *cumplicidade*; a *cumplicidade* ou *autoria paralela omissivas* ou a *coautoria ativa* de outros sujeitos no âmbito da sociedade de notação de risco, atendendo a uma interpretação contida da capacidade que o "*domínio da organização*" tem para reconfigurar as figuras comparticipativas.

Em 1996, THOMAS FRIEDMAN afirmava: *There are two superpowers in the world today in my opinion. There's the United States and there's Moody's Bond*

Rating Service. The United States can destroy you by dropping bombs, and Moody's can destroy you by downgrading your bonds. And believe me, it's not clear sometimes who's more powerful.[321] Esta afirmação transmite expressivamente o poder decorrente de uma excessiva dependência regulatória ou, de um modo geral, num voto de confiança cego na diligência e retidão empregadas no exercício da atividade de notação. É um poder que não será necessariamente eliminado pela redução das menções legais às notações de risco ou pelo um decréscimo da confiança por parte dos investidores.

A complexidade dos produtos financeiros atualmente transacionados, a par com o aumento do volume de informação disponível, torna indispensável o recurso a sujeitos especializados no seu tratamento e valoração. É nessa indispensabilidade que assenta o verdadeiro poder das sociedades de notação de risco, cujo sinalagma terá de assentar numa real e efetiva responsabilização pela promiscuidade decorrente de conflitos de interesse não divulgados, pela procura frenética de um aumento de receitas à custa de notações infundadas, inflacionadas e manipuladas. Quando se assiste a uma distribuição de notações de risco, como se de uma venda de licença regulatória se tratasse, em consciente deturpação da realidade que lhe está subjacente, está-se perante um censurável comportamento neoliberal, que mais do que eticamente reprovável, transforma o Direito penal que protege mediatamente a veracidade da informação divulgada aos mercados num Direito penal simbólico.

Assim, recorde-se o pensamento de Jorge de Figueiredo Dias[322] quando afirma que não é necessário nem mais, nem menos, Direito penal económico, mas todo o Direito penal económico. É efetivamente necessário um Direito penal económico capaz de se adaptar aos problemas concretos que a volatilidade da realidade económica apresenta, a elevada velocidade, e cuja resolução terá de residir num caminho hermenêutico teleologicamente orientado e atualista, sempre com respeito pelos limites impostos pelo princípio da legalidade.

321 *Public Broadcasting Service*, entrevista a 13 de fevereiro de 1996.

322 Jorge de Figueiredo Dias, *Direito penal: parte geral: Questões fundamentais: a doutrina geral do crime*, 2012, p. 541-542.; Luigi Foffani, "Nuevas tendencias y perspectivas del Derecho penal economico europeo", *in Revista Portuguesa de Ciência Criminal*, n.º 2, Ano 24, 2014, p. 225-234.

ÍNDICE LEGISLATIVO

Regio Decreto n.º 1398, 19 ottobre 1930, Approvazione del codice penale, pubblicato nella Gazzetta Ufficiale n.º 251 del 26/10/1930. Ultimo aggiornamento dalla Legge n.º 153, 28 iuglio 2016, pubblicato nella Gazzetta Ufficiale n.º 185 del 9/08/2016.

Decreto Legislativo n.º 385, de 1 de settembre de 1993, Testo unico delle leggi in materia bancaria e creditizia, pubblicato nella Gazzetta Ufficiale del n.º 63 del 16 marzo 1936. Ultimo aggiornamento del Decreto Legislativo n.º 72, 21 aprile 2016, pubblicato nella Gazzetta Ufficiale del n.º 117 del 20/5/2016.

Regio Decreto n.º 262, 16 de marzo de 1942, Approvazione del testo del Codice Civil, pubblicato nella edizione straordinaria della Gazzetta Ufficiale, n.º 79, 4 aprile 1942. Ultimo aggiornamento Legge n.º 76, 20 marzo de 2016, pubblicato nella Gazzetta Ufficiale n.º 118 del 21/05/2016.

Decreto-Lei n.º 142-A/91, de 10 de abril, aprova o Código do Mercado de Valores Mobiliários, publicado em Diário da República n.º 83/1991, 1.º Suplemento, Série I-A de 10/04/1991; Revogado pelo Decreto-Lei n.º 486/99, de 13 de novembro.

Diretiva 93/6/CEE do Conselho, de 15 de março de 1993, relativa à adequação dos fundos próprios das empresas de investimento e das instituições de crédito, JO L/141, 11/6/1993, p. 1–26.

Decreto Legislativo n.º 58, de 24 de febbrario de 1998, Testo unico delle disposizioni in materia di intermediazione finanziaria, ai sensi degli articoli 8 e 21 della legge 6 febbraio 1996, pubblicato nel supplemento ordinario alla Gazzetta Ufficiale n.º 71 del 26/3/1998; ultimo aggiornamento Decreto Legislativo n.º 71, de 18 de aprile de 2016, pubblicato nella Gazzetta Ufficiale n. 117 del 20/5/2016.

Decreto-Lei n.º 453/99, de 5 de novembro, estabelece o regime da titularização de créditos e regula a constituição e a atividade dos fundos de titularização de créditos, das respectivas sociedades gestoras e das sociedades de titularização de créditos, publicado em Diário da República n.º 258/1999, Série I-A de 5/11/1999;

Republicado pelo Decreto-Lei n.º 303/2003, de 5 de Dezembro, publicado em Diário da República n.º 281/2003, Série I-A de 5/12/2003; Última redação consultada dada pelo Decreto-Lei n.º211-A/2008, de 3 de novembro, publicado em Diário da República n.º 213/2008, 1.º Suplemento, Série I de 03/11/2008.

Diretiva 2006/48/CE do Parlamento Europeu e do Conselho, de 14 de junho de 2006, relativa ao acesso à atividade das instituições de crédito e ao seu exercício, JO L/177, 30/6/2006, p. 1-200.

Decreto-Lei n.º 486/99, de 13 de novembro, aprova o novo Código dos Valores Mobiliários, publicado em Diário da República n.º 265/1999, Série I-A de 13/11/1999; Republicado pelo Decreto-Lei n.º 357-A/2007, de 31 de outubro, publicado em Diário da República n.º 210/2007, 2.º Suplemento, Série I de 31/10/2007; Última redação consultada dada pela 33.ª alteração ao Código dos Valores Mobiliários feita pelo Decreto-Lei n.º 22/2016, de 3 de junho, publicado em Diário da República n.º 107/2016, Série I de 3/6/2016.

Decisão da Comissão n.º 2001/527/CE, de 6 de junho de 2001, que institui o Comité das Autoridades de Regulamentação dos Mercados Europeus de Valores Mobiliários, JO L 191 de 13/7/2001, p. 43 - 44

Regulamento da CMVM n.º 02/2002, de 17 de janeiro, publicado em Diário da República n.º 27/2002, Série II de 01/02/2002.

Decreto Legislativo n.º 61, de 11 de aprile de 2002, Disciplina degli illeciti penali e amnistrativi riguardenti la societá commerciali, a norma dell'articolo 11 della legge n.º 336, de 3 de ottobre de 2001, pubblicato nella Gazzetta Ufficiale n.º 88 del 15/04/2002.

Diretiva 2003/6/CE do Parlamento Europeu e do Conselho, de 28 de janeiro de 2003, relativa ao abuso de informação privilegiada e à manipulação de mercado (abuso de mercado), JO L/96, 12/4/2003, p. 16 - 25.

Regulamento (CE) n.º 2273/2003 da Comissão, de 22 de dezembro de 2003, que estabelece as modalidades de aplicação da Diretiva 2003/6/CE do Parlamento Europeu e do Conselho no que diz respeito às derrogações para os programas de recompra e para as operações de estabilização de instrumentos financeiros, JO L/336 de 23/12/2003, p. 33 - 38.

Diretiva 2003/125/CE da Comissão, de 22 de dezembro de 2003, que estabelece as modalidades de aplicação da Diretiva 2003/6/CE do Parlamento Europeu e do Conselho no que diz respeito à apresentação imparcial de recomendações de investimento e à divulgação de conflitos de interesses, JO L/339 de 24/12/2003, p. 73 - 77.

Diretiva 2003/125/CE da Comissão, de 22 de dezembro de 2003, que estabelece as modalidades de aplicação da Diretiva 2003/6/CE do Parlamento Europeu e do Conselho no que diz respeito à apresentação imparcial de recomendações de investimento e à divulgação de conflitos de interesses, JO L/339 de 24/12/2003, p. 73—77.

Diretiva 2003/123/CE do Conselho, de 22 de dezembro de 2003, que altera a Diretiva 90/435/CEE relativa ao regime fiscal comum aplicável às sociedades-mãe e sociedades afiliadas de Estados-Membros diferentes, JO L/7 de 13/1/2004, p. 41 - 44.
Diretiva 2004/39/CE do Parlamento Europeu e do Conselho, de 21 de abril de 2004, relativa aos mercados de instrumentos financeiros, que altera as Diretivas 85/611/CEE e 93/6/CEE do Conselho e a Diretiva 2000/12/CE do Parlamento Europeu e do Conselho e que revoga a Diretiva 93/22/CEE do Conselho, JO L/145 de 30/4/2004, p. 1 - 44.
Diretiva 2004/39/CE do Parlamento Europeu e do Conselho, de 21 de abril de 2004, relativa aos mercados de instrumentos financeiros, que altera as Diretivas 85/611/CEE e 93/6/CEE do Conselho e a Diretiva 2000/12/CE do Parlamento Europeu e do Conselho e que revoga a Diretiva 93/22/CEE do Conselho, JO L/145, 30/4/2004, p. 1 - 44.
Diretiva 2004/72/CE da Comissão, de 29 de abril de 2004, relativa às modalidades de aplicação da Diretiva 2003/6/CE do Parlamento Europeu e do Conselho no que diz respeito às práticas de mercado aceites, à definição da informação privilegiada em relação aos instrumentos derivados sobre mercadorias, à elaboração de listas de iniciados, à notificação das operações efectuadas por pessoas com responsabilidades diretivas e à notificação das operações suspeitas [...], JO L/162 de 30/4/2004, p. 70 - 75.
Diretiva 2006/49/CE do Parlamento Europeu e do Conselho, de 14 de junho de 2006, relativa à adequação dos fundos próprios das empresas de investimento e das instituições de crédito (reformulação), JO L/177, 30/6/2006, p. 201 - 255.
Lei n.º 28/2009, de 19 de junho, que revê o regime sancionatório no sector financeiro em matéria criminal e contraordenacional, publicada em Diário da República n.º 117/2009, Série I de 19/6/2009.
Diretiva 2009/109/CE do Parlamento Europeu e do Conselho, de 16 de Setembro de 2009, que altera as Diretivas 77/91/CEE, 78/855/CEE e 82/891/CEE do Conselho e a Diretiva 2005/56/CE no que respeita aos requisitos em matéria de relatórios e documentação em caso de fusões ou de cisões, JO L/259 de 2/10/2009, p. 14 - 21.
Regulamento (CE) n.º 1060/2009 do Parlamento Europeu e do Conselho, de 16 de Setembro de 2009, relativo às agências de notação de risco, JO L/302, 17/11/2009, p. 1 - 31.
Diretiva 2009/111/CE do Parlamento Europeu e do Conselho, de 16 de Setembro de 2009, que altera as Diretivas 2006/48/CE, 2006/49/CE e 2007/64/CE no que diz respeito aos bancos em relação de grupo com instituições centrais, a determinados elementos relativos aos fundos próprios, a grandes riscos, a disposições relativas à supervisão e à gestão de crises, OJ L/302 de 17/11/2009, p. 97 - 119.
Regulamento da CMVM n.º 5/2008, sobre Deveres de Informação revoga o Regulamento da CMVM n.º 4/2004 e altera os Regulamentos da CMVM n.os 7/2001

e 2/2007, publicado em Diário da República n.º 200/2008, Série II de 2008-10--15; alterado pelo Regulamento da CMVM nº 5/2010, relativo ao dever de divulgação de posições económicas longas relativas a ações publicado em Diário da República n.º 197/2010, Série II de 11/10/2010.

Regulamento (UE) n.º 513/2011 do Parlamento Europeu e do Conselho, de 11 de Maio de 2011, que altera o Regulamento (CE) n.º 1060/2009 relativo às agências de notação de risco, OJ L/145, 31/5/2011 p. 30 – 56.

Regulamento Delegado (UE) n.º 272/2012 da Comissão, de 7 de fevereiro de 2012, que complementa o Regulamento (CE) n.º 1060/2009 do Parlamento Europeu e do Conselho no que diz respeito às taxas cobradas pela Autoridade Europeia dos Valores Mobiliários e dos Mercados às agências de notação de risco, OJ L/90 de 28/3/2012, p. 6 – 10.

Regulamento Delegado (UE) n.º 446/2012 da Comissão, de 21 de março de 2012, que completa o Regulamento (CE) n.º 1060/2009 do Parlamento Europeu e do Conselho no que respeita às normas técnicas de regulamentação relativas ao conteúdo e formato da comunicação periódica de dados de notação à Autoridade Europeia dos Valores Mobiliários e dos Mercados pelas agências de notação de risco, JO L /140 de 30/5/2012.

Regulamento Delegado (UE) n.º 447/2012 da Comissão, de 21 de março de 2012, que completa o Regulamento (CE) n.º 1060/2009 do Parlamento Europeu e do Conselho, relativo às agências de notação de risco, mediante o estabelecimento de normas técnicas de regulamentação para a avaliação da conformidade das metodologias de notação de risco, JO L/140 de 30/5/2012, p. 14 - 16.

Regulamento Delegado (UE) n.º 448/2012 da Comissão, de 21 de março de 2012, que completa o Regulamento (CE) n. º 1060/2009 do Parlamento Europeu e do Conselho, no que respeita às normas técnicas de regulamentação para a apresentação das informações que as agências de notação de risco devem disponibilizar num repositório central mantido pela Autoridade Europeia dos Valores Mobiliários e dos Mercados, JO L/140 de 30/5/2012, p. 2 - 13.

Regulamento Delegado (UE) n.º 449/2012 da Comissão, de 21 de março de 2012, que completa o Regulamento (CE) n.º 1060/2009 do Parlamento Europeu e do Conselho no que respeita às normas técnicas de regulamentação em matéria da informação que as agências de notação de risco devem fornecer nos seus pedidos de registo e certificação, JO L/140 de 30/5/2012, p. 32—52.

Regulamento Delegado (UE) n.º 946/2012 da Comissão, de 12 de julho de 2012, que completa o Regulamento (CE) n.º 1060/2009 do Parlamento Europeu e do Conselho no que se refere às regras processuais aplicáveis às multas impostas às agências de notação de risco pela Autoridade Europeia dos Valores Mobiliários e dos Mercados, incluindo disposições sobre os direitos de defesa e disposições relativas à aplicação no tempo, JO L/282 de 16/10/2012, p. 23 - 26.

Regulamento Delegado (UE) n.º 946/2012 da Comissão, de 12 de julho de 2012, que completa o Regulamento (CE) n.º 1060/2009 do Parlamento Europeu e do Conselho no que se refere às regras processuais aplicáveis às multas impostas às agências de notação de risco pela Autoridade Europeia dos Valores Mobiliários e dos Mercados, incluindo disposições sobre os direitos de defesa e disposições relativas à aplicação no tempo, JO L/282 de 16/10/2012, p. 23 – 26.

Regulamento (UE) n.º 462/2013 do Parlamento Europeu e do Conselho, de 21 de maio de 2013, que altera o Regulamento (CE) n. ° 1060/2009 relativo às agências de notação de risco, JO L/146 de 31.5.2013, p. 1 – 33.

Diretiva 2013/14/UE do Parlamento Europeu e do Conselho, de 21 de maio de 2013, que altera a Diretiva 2003/41/CE relativa às atividades e à supervisão das instituições de realização de planos de pensões profissionais, a Diretiva 2009/65/CE que coordena as disposições legislativas, regulamentares e administrativas respeitantes a alguns organismos de investimento coletivo em valores mobiliários (OICVM) e a Diretiva 2011/61/UE relativa aos gestores de fundos de investimento alternativos no que diz respeito à dependência excessiva relativamente às notações de risco, JO L/145 de 31.5.2013, p. 1 – 3.

Regulamento (UE) n.º 575/2013 do Parlamento Europeu e do Conselho 26 de junho de 2013 relativo aos requisitos prudenciais para as instituições de crédito e para as empresas de investimento e que altera o Regulamento (UE) n.º 648/2012, JO L/176 de 27/6/2013, p. 1 – 337.

Diretiva 2013/36/UE do Parlamento Europeu e do Conselho, de 26 de junho de 2013, relativa ao acesso à atividade das instituições de crédito e à supervisão prudencial das instituições de crédito e empresas de investimento, que altera a Diretiva 2002/87/CE e revoga as Diretivas 2006/48/CE e 2006/49/CE, JO L/176 de 27.6.2013, p. 338 – 436.

Regulamento (UE) n.º 596/2014 do Parlamento Europeu e do Conselho, de 16 de abril de 2014, relativo ao abuso de mercado (regulamento abuso de mercado) e que revoga a Diretiva 2003/6/CE do Parlamento Europeu e do Conselho e as Diretivas 2003/124/CE, 2003/125/CE e 2004/72/CE da Comissão, JO L/173 de 12/6/2014, p. 1 – 61.

Decreto-Lei n.º 157/2014, de 24 de outubro, transpõe a Diretiva n.º 2013/36/UE, do Parlamento Europeu e do Conselho, de 26 de junho, altera o Regime Geral das Instituições de Crédito e Sociedades Financeiras, aprovado pelo Decreto-Lei n.º 298/92, de 31 de dezembro, e procede à sua republicação; altera o Código dos Valores Mobiliários, aprovado pelo Decreto-Lei n.º 486/99, de 13 de novembro; altera as Leis n.ºs 25/2008, de 5 de junho, e 28/2009, de 19 de junho, e altera os Decretos-Leis n.ºs 260/94, de 22 de outubro, 72/95, de 15 de abril, 171/95, de 18 de julho, 211/98, de 16 de julho, 357-B/2007 e 357-C/2007, de 31 de outubro, 317/2009, de 30 de outubro, e 40/2014, de 18 de março, publicado em Diário da República n.º 206/2014, Série I de 24/10/2014.

Regulamento Delegado (UE) 2015/1 da Comissão, de 30 de setembro de 2014, que completa o Regulamento (CE) n.° 1060/2009 do Parlamento Europeu e do Conselho no que diz respeito às normas técnicas de regulamentação sobre a comunicação periódica relativa às taxas cobradas pelas agências de notação de risco para efeitos de supervisão permanente pela Autoridade Europeia dos Valores Mobiliários e dos Mercados, JO L/2 de 6/1/2015, p. 1 – 23.

Regulamento Delegado (UE) 2015/2 da Comissão, de 30 de setembro de 2014, que completa o Regulamento (CE) n.º 1060/2009 do Parlamento Europeu e do Conselho, no que respeita às normas técnicas de regulamentação para a apresentação das informações que as agências de notação de risco devem disponibilizar à Autoridade Europeia dos Valores Mobiliários e dos Mercados, JO L/2 de 6/1/2015, p. 24 – 56.

Regulamento Delegado (UE) 2015/3 da Comissão, de 30 de setembro de 2014, que complementa o Regulamento (CE) n.º 1060/2009 do Parlamento Europeu e do Conselho no que respeita às normas técnicas de regulamentação sobre os requisitos de divulgação dos instrumentos financeiros estruturados, JO L/2 de 6/1/2015, p. 57 – 119.

Lei n.º 16/2015, de 24 de fevereiro, que transpõe parcialmente as Diretivas n.os 2011/61/UE e 2013/14/UE, procedendo à revisão do regime jurídico dos organismos de investimento coletivo e à alteração ao Regime Geral das Instituições de Crédito e Sociedades Financeiras e ao Código dos Valores Mobiliários, publicada em Diário da República n.º 38/2015, Série I de 2015-02-24; última redação consultada dada pelo Decreto-Lei n.º124/2015, de 07 de julho, publicado em Diário da República n.º 130/2015, Série I de 7/7/2015.

Decreto-Lei n.º 262/86, de 2 de setembro, que aprova o Código das Sociedades Comerciais, publicado em Diário da República n.º 201/1986, Série I de 1986-09--02; última redação consultada dada pela 45ª alteração ao Código das Sociedades Comerciais, pela Lei n.º 148/2015, de 9 de setembro, publicada em Diário da República n.º 176/2015, Série I de 9/9/2015.

Lei n.º 109/2009, de 15 de setembro, que aprova a Lei do Cibercrime, transpondo para a ordem jurídica interna a Decisão Quadro n.º 2005/222/JAI, do Conselho, de 24 de Fevereiro, relativa a ataques contra sistemas de informação, e adapta o direito interno à Convenção sobre Cibercrime do Conselho da Europa, publicada em Diário da República n.º 179/2009, Série I de 15/9/2009.

Decreto-Lei n.º 298/92, de 31 de dezembro, que aprova o Regime Geral das Instituições de Crédito e Sociedades Financeiras, publicado em Diário da República n.º 301/1992, 6.º Suplemento, Série I-A de 31/12/1992; última redação consultada dada pela 44.ª alteração ao Regime Geral das Instituições de Crédito e Sociedades Financeiras, pelo Decreto-Lei n.º 20/2016, de 20 de abril, publicado em Diário da República n.º 77/2016, Série I de 20/4/2016.

BIBLIOGRAFIA

AGUILAR, Francisco Manuel Fonseca de – *Dos comportamentos ditos neutros na cumplicidade*, Lisboa, AAFDUL, fevereiro de 2014 (ISBN 560-693-90077-80)

ALBERGARIA, Pedro Soares – "A posição de Garante dos Dirigentes da Empresa", *in Revista Portuguesa de Ciência Criminal*, Fasc. 4.º, Ano 9, 1999, p. 620-642

ALESSANDRI, Alberto – "Osservazioni sulle notizie false, exagerate o tendenziose", *in Rivista Italiana di Diritto e Procedura Penale*, Ano XVI, 1973

ALEXANDRE, Isabel e DINIZ, Ana – "O Regulamento (CE) n.º 1060/2009 e o problema da qualidade e da necessidade das notações de risco: o caso particular da dívida soberana: Partes Primeira e Segunda", *in Revista do Ministério Público*, n.os 127 e 128, abril-junho e outubro-dezembro, 2011, p. 9-82 e 119-177

ALIBRANDI, Luigi – *I Reati Bancari*, Milão, Giuffrè, 1976.

ALMEIDA, Margarida Azevedo de – "A Responsabilidade Civil Perante os Investidores por Realização Defeituosa de Relatórios de Auditoria, Recomendações de Investimento e Relatórios de notação de Risco", *in Cadernos do Mercado de Valores Mobiliários*, n.º 36, agosto de 2010, p. 9-31. Cita-se o texto disponível em *http://www.cmvm.pt*

ALPA, Guido e MARICONDA, Vicenzo – *Codice Civile*, Tomo III, 3.ª Ed., Milanofiori Assago, Wolsters Kluwer, 2013

AMBOS, Kai – "La responsabilidade del superior en el Derecho penal internacional", *in Anuario de derecho penal y ciencias penales*, Tomo 52, 1999, p. 527-594

AMTENBRINK, Fabian e HAAN, Jakob de – "Credit Rating Agencies", *in De Nederlandsche Bank (DNB) Working Paper*, n.º278, janeiro de 2011. Cita-se o texto disponível em *http://www.papers.ssrn.com*

ANELO, Pasquale d' – "Torna di scena l'aggiotaggio: il caso Parmalat", *in Rivista Trimestrale di Dirirro Penale dell'Economia*, n.º 4, 2010, p. 883-918

ANTOLISEI, Francesco – *Manuale di diritto penale: Parte Speciale: vol.II*, 12.ª ed. [integrata e aggiornata, a cura di LUIGI CONTI], Milão, Giuffrè Editore, 1997 (ISBN 88-14-06622-1)

AZZALI, Giampero – "Lineamenti dei delitti de aggiotaggio nell'attuale legilslazione", *in Rivista Trimestrale di Diritto Penale* dell›*Economia*, Fasc. 4, Vol. 11, 1998, p. 763-785

BACIGALUPO, Enrique – "El Corpus Iuris y la tradición de la cultura jurídico-penal europea", *in* (Dir.) BACIGALUPO, Enrique *et. al.*, *Curso de Derecho Penal Económico*, Madrid, Marcial Pons, 1998 p. 397-527 (ISBN 84-7248-608-7)

BAI, Lynn – "On Regulating Conflict of Interests in the Credit Rating Industry", *in New York University Journal of Legislation and Public Policy*, Vol. 13, maio de 2010. Cita-se o texto disponível em *http://www.papers.ssrn.com*

BANDEIRA, Gonçalo Nicolau Cerqueira Sopas de Melo – *Abuso de Informação, Manipulação do Mercado e Responsabilidade Penal das "Pessoas Coletivas": "Tipos Cumulativos" e Bens Jurídicos Colectivos na "Globalização"*, Lisboa, Editorial Juruá, 2011 (ISBN 978-989-8312-93-8)

BARDÓN, Carolina Bolea – "La autoría mediata en algunos supuestos de error", *in Revista de derecho penal y criminologia*, n.º12, 2003, p. 11-44

BASTOS, Miguel Brito – "Scalping: abuso de informação privilegiada ou manipulação de mercado?", *in Revista de Concorrência & Rregulação*, n.º 9, Ano III, janeiro-março de 2012

BAUERFEIND, Tobias – "The Modern Governance and Regulation of Credit Rating Agencies: a legal comparative study to reduce dependency on and relevance of external ratings in US and european banking supervision", *in The ELSA Law Review*, n.º 1, 2016, p. 117-144. Cita-se o texto disponível em *http://www.files.elsa.org*

BELEZA, Teresa Beleza – "A estrutura da autoria nos crimes de violação de dever: tiularidade *vs* domínio do facto", *in Revista Portuguesa de Ciência Criminal*, n.º 2, 1992, p.337-350

BHATIA, Ashok Vir – "Sovereign Credit Ratings Methodology: an Evaluation", *in International Monetary Fund (IMF) Working Paper*, outubro de 2002. Cita-se o texto disponível em *https://www.imf.org*

BLANCO, Victoria Garcíal del – *La coautoría en derecho penal*, Valencia, Tirant Lo Blanch, 2006 (ISBN 84-8456-569-6)

BLAUROCK, Uwe – "Control and Responsibility of Credit Rating Agencies", *in Electronic Journal of Comparative Law*, vol. 11, n.º 3, dezembro de 2007. Cita-se o texto disponível em *http://www.docplayer.net*

BOLINA, Helena – "A Revisão das Diretivas do Abuso de Mercado: Novo Âmbito, o mesmo Regime", *in Cadernos do Mercado de Valores Mobiliários: Ensaios de Homenagem a Amadeu Ferreira*, vol. II, n.º 51, agosto de 2015. Cita-se o texto disponível em *http://www.cmvm.pt*

BRICOLA, Franco – "Il Diritto Penale del Mercato Finanziario", *in* AA.VV., *Scritti di Diritto Penale*, Vol. II, Tomo II, Milão, Giuffrè Editore, 1992. p. 3575-3604 (ISBN 88-14-06193-9)

BRITO, Teresa Quintela de – "Autoria e participação em organizações empresariais complexas", *in* Centro de Estudos Judiciários, *Criminalidade Económico-Financeira: Temas de Teoria Geral do Direito Penal na Criminalidade Económico-Financeira*, Tomo I, Lisboa, CEJ, 2014, p. 15-39. Cita-se o texto disponível em *http://www.cej.mj.pt*

—— *Domínio da Organziação para a execução do facto: Responsabilidade Penal de Entes Coletivos, dos Seus Dirigentes e "Atuação em nome de outrem"*, Vols. I e II, Lisboa, FDUL, 2012, Tese de Doutoramento (n.p.)

—— "Domínio do facto, organizações complexas e autoria dos dirigentes", *in* (Coord.: PALMA, Maria Fernanda; DIAS, Augusto Silva e MENDES, Paulo de Sousa) AA.VV, *Direito penal económico e financeiro: Conferências do curso pós-graudado de aperfeiçoamento*, Coimbra, Coimbra Editora. agosto de 2012, p. 163-200 (ISBN 978-972-32-2073-5)

—— A determinação das responsabilidades individuais no quadro de organizações complexas", *in* (Coord: PALMA, Maria Fernanda; DIAS, Augusto Silva e MENDES, Paulo de Sousa) AA.VV., *Direito Sancionatório das Autoridades Reguladoras*, Coimbra, Coimbra Editora, 2009, p.75-103 (ISBN 978-972-32-1729-2)

—— "Crime Omissivo e novas representações da responsabilidade social", *in* AA.VV., *Liber Amicorum de José de Sousa Brito em comemoração do 70.º Aniversário: Estudos de Direito e Filosofia*, Coimbra, Almedina, outubro de 2009, p. 921-943 (ISBN 978-972-40-3951-0)

—— *A Tentativa nos Crimes Comissivos por Omissão: Um Problema de Delimitação da Conduta Típica*, Coimbra, Coimbra Editora, setembro de 2000 (ISBN 972-32-0952-7)

BRUNER, Cristopher M. e ABDELAL, Rawi – "To Judge Leviathan: Sovereign Credit Ratings, National Law, and the World Economy", *in Journal of Public Policy*, vol. 25, n.º 2, agosto de 2005, p. 191-217. Cita-se o texto disponível em *http://papers.ssrn.com*

BYOUN, Soku – "Information Content of Unsolicited Credit Ratings and Incentives of Rating Agencies: A Theory", *in International Review of Economics & Finance*, vol. 33, setembro de 2014. Cita-se o texto disponível em *http://www.sciencedirect.com*

CÂMARA, Paulo – *Manual de Direito dos Valores Mobiliários*, 2.ª ed, Coimbra, Almedina, outubro de 2011 (ISBN 978-972-40-4640-2)

—— "Conflito de interesses no Direito Societário e Financeiro: Um Retrato Anatómico", *in* CÂMARA, Paulo Câmara *et. al.*, *Conflito de Interesses no Direito Societário e Financeiro – Um Balanço a partir da Crise Financeira*, Coimbra, Almedina, janeiro de 2010 (ISBN 978-972-40-4078-3), p. 10-74

—— "A operação de titularização", *in* CAMPOS, Diogo Leite de et. al., *Titularização de créditos*, Lisboa, Instituto de Direito Bancário, 2000 (ISBN 972-98438-2-1), p. 65-94

CAMPOS, Ana Rita Almeida – "Titularização de créditos: Algumas notas sobre titularização sintética", *in Revista da Banca*, n.º 60, julho-dezembro de 2005. Cita-se o texto disponível em *http://www.vda.pt*

CANE, Marilyn Blumberg, SHAMIR, Adam e JODAR, Tomas – "Below investment grade and above the law: a past, present, and future look at the accountability of credit rating agencies", *in Fordham journal of Corporate & Financial Law*, vol. XVII, n.º 4, 2012, p. 1063-1126. Cita-se o texto disponível em *http://www.papers.ssrn.com*

CASTELLI, Claudio – "La normativa sulle agenzie di rating: ratio, contenuti ed aplicazione nel contesto europeo", *in Rivista Trimestral de Diritto dell'Economia*, Suplemento 1/2015, p. 60-84. Cita-se o texto disponível em *http://www.fondazionewcapriglione.luiss.it*

CAVERO, Percy García Cavero – "La posición de garantia del empresario: a propósito del caso utopia", *in* AA.VV., *Homenaje al Profesor Dr. Gonzalo Rodríguez Mourullo*, Mardid, Civitas, 2005, p. 381-400 (ISBN 84-470-2338-9)

CERQUA, Luigi Domenico – "Reati di aggiotaggio", *in* (a cura di:) GAITO, Alfredo et. al., *Digesto delle Discipline Penalistiche*, 4.ª Ed., Aggiornamento 4, Tomo II, Torino, UTET Giuridica, 2008, p. 884-910

CERVINI, Raúl e ADRIASOLA, Gabriel – *El derecho penal de la empresa: desde una visión garantistica*, Buenos Aires, Editorial Ibdef, 2005 (ISBN 9974-578-46-9)

CHA, Myungki; HWANG, Kookjae e YEO, Youngjun – Relathionship Between Audit Opinion and Credit Rating: Evidence from Korea", *in The Journal of Applied Business Research*, vol. 32, n.º 2, março-abril de 2016, p. 621-634. Cita-se o texto disponível em *http://www.search.proquest.com*

CMVM – *Contraordenações e Crimes no Mercado de Valores Mobiliários: O sistema sancionatório, a evolução legislativa e as infrações imputadas*, 2.ª Ed., Coimbra, Almedina, 2015 (ISBN 978-972-40-6186-3)

COELHO, Miguel – "Análise financeira e recomendação de investimento", *in* AA.VV., *Direito dos Valores Mobiliários*, Vol. X, Coimbra, Coimbra Editora, 2011 (ISBN 978-972-32-1894-7) p.113-132

COFFEE, John C – "Gatekeeper Failure and Reform: The Challenge of Fashioning Relevant Reforms", *in Colombia Law School Working Paper*, n.º 237, setembro de 2003. Cita-se o texto disponível em *http://www.papers.ssrn.com*

CONDE, Muñoz – "Problemas de autoría y participación en el derecho penal económico, o ¿como imputar a título de autores a las personas que sin realizar acciones ejecutivas, deciden la realización de un delito en el ámbito de la delincuencia económica empresarial?", *in Revista Penal*, n.º 9, janeiro de 2002, p. 59-98

CONTI, Luigi – *Diritto Penale Commerciali: Reati ed Illeciti Depenalizzati in Materia di Socità: Vol. Primo*, 2ª Ed., Torino, UTET, 1980

CORDEIRO, António Barreto Menezes – *Direito dos Valores Mobiliários: Vol. I*, Coimbra, Almedina, 2015 (ISBN 978-972-40-6327-0)

CORDEIRO, António Menezes – "A crise planetária de 2007/2008 e o governo das sociedades", *in Revista do Direito das Soceidades,* Ano I, 2009, n.º 2, p. 263-286

CORREIA, Eduardo – "Introdução ao Direito Penal Económico", *in* AA.VV., *Direito Penal Económico e Europeu: Textos doutrinários: Problemas gerais: Vol. I,* Coimbra, Coimbra Editora, 1998, p. 293-324 (ISBN 972-32-0837-7)

COSTA, José Faria – *Noções Fundamentais de Direito Penal: Fragmenta iuris poenalis,* 4.ª Ed., Coimbra, Coimbra Editora, setembro de 2015 (ISBN 978-972-32-2328-6)

—— *O perigo em direito penal: contributo para a sua fundamentação e compreensão dogmáticas,* Reimp., Coimbra, Coimbra Editora, 2000 (ISBN 972-32-0461-4)

—— "Omissão: Reflexões em Redor da Omissão Imprópria", *in Boletim da Faculdade de Direito da Universidade de Coimbra,* vol. LXXII, 1996, p. 391-402

—— "Formas do Crime", *in* Centro de Estudos Judicários, *Jornadas de Direito Criminal: o novo código penal português e legislação complementar,* Caxias, CEJ, 1983

COSTA, José Faria e RAMOS, Maria Elisabete – *O crime de abuso de informação privilegiada: (insider trading): a informação enquanto problema jurídico-penal,* Coimbra, Coimbra Editora, maio de 2006 (ISBN 978-972-32-1408-3)

COSTI, Renzo e AGOSTINO, Paolo d' – "I Reati Bancari", *in* (org.) AMATO, Astolfo di, *Trattato di Diritto Penale dell'Impresa: Vol. Terzo,* Pádua, CEDAM, 1992

COUTO, Ana Sá – "As listas de iniciados e as agências de rating", *in Actualidad Jurídica Uría Menéndez,* n.º 21, 2008. Cita-se o texto disponível em *http://www.uria.com*

CROUHY, Michel; GALAI, Dan e MARK, Robert – "Prototype risk rating system", *in Journal of Banking & Finance,* vol. 25, n.º 1, janeiro de 2001, p. 47-95. Cita-se o texto disponível em *http://www.sciencedirect.com*

DANZINI, Eva Rosa – *Agenzie di rating: regolazione, aspetti critici e prospettive di reforma,* Salerno, Università degli Studi di Salerno, 2013-2014, Tese de Doutoramento. Cita-se o texto disponível em *http://www.elea.unisa.it*

DARBELLAY, Aline e PARTNOY, Frank – "Credit Rating Agencies and Regulatory Reform", *in Univesity of San Diego Legal Studes Research Paper Series,* n.º 12-083, abril de 2012. Cita-se o texto disponível em *http://www.ssrn.com*

DIAS, Augusto Silva – *Ramos emergentes do direito penal relacionados com a protecção do futuro:* ambiente, *consumo e genética humana,* Coimbra, Coimbra Editora, 2008 (ISBN 978-972-32-1624-0)

—— *"Delicta in se" e "Delicta Mere Prohibita": Uma Análise das Descontinuidades do Ilícito Penal Moderno à Luz da Reconstrução de um Distinção Clássica,* Coimbra, Coimbra Editora, 2008 (ISBN 978-972-32-1656-1)

DIAS, Gabriela Figueiredo – "Conflitos de Interesse em Auditoria", *in* CÂMARA, Paulo Câmara et. al., *Conflito de Interesses no Direito Societário e Financeiro – Um Balanço a partir da Crise Financeira,* Coimbra, Almedina, janeiro de 2010 (ISBN 978-972-40-4078-3), p. 565-623

DIAS, Jorge de Figueiredo – *Direito penal: parte geral: Questões fundamentais: a doutrina geral do crime*, 2.ª Ed., Coimbra, Coimbra Editora, 2007 (ISBN 978-972-32-1523-6)

—— "La instigación como autoria: ?un requiem por la "participación" como categoría de la dogmática jurídico-penal portuguesa", *in* AA.VV., *Homenaje al Profesor Dr. Gonzalo Rodríguez Mourullo*, Mardid, Civitas, 2005 (ISBN 84-470-2338-9), p. 343-363

—— "O Direito Penal Económico entre o passado, o presente e o futuro", *in Revista Portuguesa de Ciência Criminal*, n.º 3, Ano 22, 2012, p. 521-543

—— "O Direito Penal na "Sociedade de Risco" ", *in* DIAS, Jorge de Figueiredo, *Temas Básicos da Doutrina Penal: sobre os fundamentos da doutrina penal: sobre a doutrina geral do crime*, Coimbra, Coimbra Editora, abril de 2001, p. 155-188 (ISBN 972-32-1012-6)

DITTRICH, Fabian – *The Credit Rating Industry: Competition and Regulation*, Colónia, Universität zu Köln, junho de 2007, Inauguraldissertation zur Erlangung des Doktorgrades der Wirtschafts und Sozialwissenschaftlichen Fakultät der Universität zu Köln. Cita-se o texto disponível em *http://www.papers.ssrn.com*

DONATO, Luigi e PORTOLANO, Alessandro – *In* (Org:) ALPA, Guido e CAPRIGLIONE, Francesco, *Commentario al Testo Unico dele Disposizione in Materia di Intermediazione Finanziaria: Tomo Terzo*, Pádua, CEDAM, 1998 (ISBN 88-13-21112-0)

EDWARDS, Harry – "Liability for the rating and sale of structured credit products: Australian cases and their (much) wider implications", *in Law and Financial Markets Review*, vol. 7, n.º 2, março de 2013; Cita-se o texto disponível em *www.tandfonline.com*

—— "CRA 3 and the liability of rating agencies: inconsistent messages from the regulation on credit rating agencies in Europe", *in Law and Financial Markets Review*, vol. 7, n.º 4, maio de 2015. p. 186-191. Cita-se o texto disponível em *http://www.dx.doi.org*

ESA – *Discussion Paper: The Use of Credito Ratings by Financial Intermediaries: Article 5(a) of the CRA Regulation*, dezembro de 2014. Cita-se o texto disponível em *https://www.esma.europa.eu*

ESME – *Role of Credit Rating Agencies*, junho de 2008. Cita-se o texto disponível em *http://www.ec.europa.eu*

FALCÃO, Ricardo – *Da responsabilidade das agências de notação de risco perante os investidores*, Instituto dos Valores Mobiliário, Lisboa, IVM/FDUL, 2011, Trabalho final no âmbito do regime de avaliação do XV Curso de Pós-Graduação em Direito dos Valores Mobiliários. Cita-se o texto disponível em *http://www.institutovaloresmobiliarios.pt*

FCIC – *The Financial Crisis Inquiry Report: Final Report of the National Commission on the Causes of the Financial and Economic Crisis in the United States*, Washington, DC,

U.S. Government Printing Office, 2011 (ISBN 978-0-16-087727-8). Cita-se o texto disponível em *https://www.fcic.law.stanford.edu*

FENDER, Ingo e KIFF, John – "CDO rating methodology: Some thoughts on model risk and its implications", *in Bank for International Settlements (BIS) Working Papers*, n.º 163, novembro de 2004. Cita-se o texto disponível em *http://www.bis.org*

FERREIRA, Amadeu José – *Guias de Estudo*, Lisboa, FDUNL, 2013, Documento de apoio à uncidade curricular de Títulos de Crédito e Valores Mobiliários (n.p.). Cita-se o texto disponível em *http://www.fd.unl.pt*

FOFFANI, Luigi – "L'aggiotaggio nella società commerciali", *in* (coord.: MAZZACUVA) (Dir:) BRICOLA, Franco e ZAGREBELSKY, Vladimiro, *Giurisprudenza sistemática di Diritto Penale: Diritto Penal Commerciale: I reati societari e la tutela penale del mercado: vol. 2.* Torino, UTET, 1990 (ISBN 88-02-04335-3)

—— "Nuevas tendencias y perspectivas del Derecho penal economico europeo", *in Revista Portuguesa de Ciência Criminal*, n.º 2, Ano 24, 2014, p. 225-234

FONDAROLI, Désirée – "L'ilicito amministrativo di manipolazione del mercato", *in* SGUBBI, Filippo; FONDAROLI, Désirée e TRIPODI, Andrea Francesco, *Diritto penale del maercato finanziario: abuso di informazioni privilegiate, manipolazione del mercato, ostacolo alle funzioni di vigilanza della Consob, falso in prospetto: lezioni*, Milão, CEDAM, 2008 (ISBN 978-88-13-28204)

FSB – *Principals for Reducing Relience on Credit Rating*, outubro de 2010. Cita-se o texto disponível em *http://www.fsb.org*

FRADA, Manuel Carneiro da – *A Responsabilidade Civil das Agências de Notação do Risco (Rating) - Ensaio de construção dogmático-crítica*, Coimbra, Almedina, 2018 (ISBN: 978-972-40-73828)

—— "Sociedades e notação do risco (rating) – a proteção dos investidores", *in* (Org:) Armando Marques Guedes et. al., *Estudos em Homenagem ao Prof. Doutor José Lebre de Freitas: Vol II*, 1.ª Ed. Coimbra, Coimbra Editora, julho de 2013, p. 317-324 (ISBN: 978-972-32-2120)

FRANCO, Raquel – *A relevância da informação nos mercados financeiros e o papel das agências de notação de risco de crédito*, Lisboa, FDUL, 2008, Seminário de Mestrado de Direito Internacional Económico (n.p.)

GONÇALVES, Pedro Correia – "A Responsabilidade por omissão dos administradores e gestores empresariais", *in Revista Portuguesa de Ciência Criminal*, n.º 4, Ano 19, outubro-dezembro 2009, p. 529-573

GONZALEZ, Pedro Boullosa – "Qualidade da informação", *in Cadernos do Mercado de Valores Mobiliários*, n.º 49, dezembro de 2014. Cita-se o texto disponível em *http://www.cmvm.pt*

GRAÇA, João Filipe – "Agências de notação de risco", *in Publicações CEDIPRE Online*, n.º 14, setembro de 2012. Cita-se o texto disponível em *http://www.fd.uc.pt*

HAAR, Brigitte – "Civil Liability of Credit Rating Agencies after CRA 3: Regulatory All-or-Nothing Approaches between Immunity and Over-Deterrence", *in Univesity of Oslo Faculty of Law Legal Studies Research Paper Series*, n.º 2013-02, janeiro de 2013. Cita-se o texto disponível em *http://www.papers.ssrn.com*

HILL, Claire A. – "Why did rating agencies do such a bad job rating subprime securities", *in Univestity of Pittsburgh Law Review*, vol. 71, março de 2010 Cita-se o texto disponível em *http://www.papers.ssrn.com*

—— "Regulating the Rating Agencies", *in Washington University Law Quarterly*, vol. 82, n.º 1, janeiro de 2004, p. 43-94. Cita-se o texto disponível em *http://www.papers.ssrn.com*

HUNT, John Patrick – "Credit Rating Agencies and the 'Worldwide Credit Crisis': The Limits of Reputation, the Insufficiency of Reform, and a Proposal for Improvement", *in Columbia Business Law Review*, vol. 2009, n.º1, setembro de 2008. Cita-se o texto disponível em *http://www.papers.ssrn.com*

IOSCO – *Code of Conduct Fundamentals for Credit Rating Agencies: Final Report*, 2015. Cita-se o texto disponível em *http://www.iosco.org*

JAKOBS, Günther – (Trad. 2.ª Ed. em alemão de *Strafrecht Allgemeiner Tiel: Die Grundlagen und die Zurechnungslere* (1991) por CONTRERAS, Joaquín Cuello e MURILLO, Jose Luis Serrano Gonzalez de), *Derecho Penal: Parte General: Fundamentos y teoría de la imputación*, 2.ª Ed. (corrigida), Madrid, Marcial Pons, 1997 (ISBN 84-7248-398-3)

JESCHECK, Hans-Heinrich e WEIGEIND, Thomas – (Trad. CARDENETE, Miguel Olmedo), *Tratado de derecho penal: parte general*, 5.ª Ed, Granada, Comares, 2002 (ISBN 84-8444-641-7)

JONES, Rachel – "The Need for a Negligence Standard of Care for Credit Rating Agencies", *in William & Marry Bussines Law Review*, vol. 1, n.º 1, 2010, p. 202-231. Cita-se o texto disponível em *http://www.scholarship.law.wm.edu*

KINDÄUSER, Urs – (trad.: MELIÁ, Manuel Cancio), "Cuestiones fundamentales de la coautoría", *in Revista Penal*, n.º 11, janeiro de 2003, p.53-70

KISGNE, Darren J.; OSBORN, Matthew G e REUTER, Jonathan – *Analyst Promotions within Credit Rating Agencies: Accuracy or Bias?*, julho de 2016. Cita-se o texto disponível em *http://www.papers.ssrn.com*

KRUCK, Andreas – "Resilient blunderers: credit rating fiascos and rating agencies' institutionalized status as private authorities", *in Journal of European Public Policy*, vol. 23, n.º 5, 2016. Cita-se o texto disponível em *http://www.tandfonline.com*

KRUITHOF, Marc e WYMEERSCH, Eddy – "Regulation and Liability of Credit Rating Agencies under Belgian Law", *in Ghent University Financial Law Institute Working Paper*, n.º 2006-05, março de 2006. Cita-se o texto disponível em *http://www.papers.ssrn.com*

KUHLEN, Lothar – "Necesidad y limites de la responsabilidad penal por el produto", *in Anuario de derecho penal y ciencias penales*, Tomo 55, Fasc.1, 2002, p. 67-90

LEGIND, Nina Dietz e JENSEN, Camila Hørby – "The European Regulation of Credit Rating Agencies", *in Law in Context*, vol. 30, 2014, p. 114-145. Cita-se o texto disponível em *http://www.eds.b.ebscohost.com*

LEHMAN, Mathias – "Civil Liability of Rating Agencies: An Insipid Sprout from Brussels", *in Law, Society and Economy (LSE) Working Papers*, n.º 15/2014, 2014. Cita-se o texto disponível em *http://www.lse.ac.uk*

LEITE, André Lamas – *As "Posições de Garantia" na Omissão Impura: Em Especial, a Questão da Determinabilidade Penal*, Coimbra, Coimbra Editora, 2007

LÖFFLER, Gunter – "Avoiding the rating bounce: why rating agencies are slow to react to new information", *in Journal of Economic Behavior & Organization*, vol. 56, n.º 3, 2005, p. 365-381. Cita-se o texto disponível em *http://www.sciencedirect.com*

MACCARI, Annalisa – *In* (Dir.:) MARINI, Guiliano; MONICA, Mario La e MAZZA, Leonardo, *Commentario al codice penale: Tomo Terzo*, UTET, 2002 (ISBN 88-02-05924-1)

MAGRO, Maria Beatrice – "Manipolazioni del mercato", *in* (Dir.:) SACCO, Rodolfo et. al., *Digesto delle Discipline Penalistiche: Aggiornamento 8*, 4ª Ed., Torino, UTET Giuridica/Wolters Kluwer, p. 345-390 (ISBN 978-88-598-1151-0)

MANZINI, Vicenzo – *Trattato di Diritto Penale Italiano: Vol.7*, 5ª ed (aggiornata por NUVOLONE, Pietro e PISAPIA, Gian Domenico), Reimp., Vol. 7. Torin, UTET, 1986

MARCHESI, Maddalena – "Nuovo códice di condotta IOSCO in matéria di agenzie di rating: la parábola dela disciplina di transparenza", *in Rivista Trimestral de Diritto dell'Economia*, Suplemento 2/2015, p. 159-191. Cita-se o texto disponível em *http://www.fondazionecapriglione. luiss.it*

MATEUS, Tiago Alexandre da Silva – *O novo paradigma da regulação e supervisão do sistema financeiro na União Europeia: o caso das agências de notação de risco*, Lisboa, FDUL, 2011/2012, Dissertação de Mestrado (n.p.)

MENDES, Paulo de Sousa – *Vale a pena o direito penal do ambiente?*, Lisboa, AAFDUL, 2000

MENDES, Paulo de Sousa e MIRANDA, António João – "A causalidade como critério heurístico – uma demonstração através do exemplo da manipulação de cotações no mercado financeiro", *in Revista Portuguesa de Ciência Criminal*, n.º 2, Ano 15, abril-junho, 2005

MERENDA, Ilaria – "Atività di rating e delitto di manipolazione del mercato: Qualche riflessione sul caso "Standard & Poor's"", in *Diritto Penale Contemporaneo*, 2018

MILLAN, Marcia M. e THAKOR, Anjan V. – "Moral Hazard and Informational Sharing: a modelo of financial information gathering agencies", *in Journal of Finance*, vol. 40, n.º 5, p. 1403-1422. Cita-se o texto disponível em *http://www.apps.olin.wustl.edu*

MÖLLERS, Thomas M. J. e NIEDORF, Charis – "Regulation and Liability of Credit Rating Agencies – A More Efficient European Law?", *in European Company and Financial Law Review*, vol. 11, n.º 3, outubro de 2014, p. 334-363. Cita-se o texto disponível em *http://www.papers.ssrn.com*

MONIZ, Helena – "Aspetos do resultado em direito penal", *in* (Org:) ANDRADE, Manuel da Costa Andrade, AA.VV., *Liber Disciplorum para Jorge de Figueiredo Dias*, Coimbra, Coimbra Editora, agosto de 2003, p. 541-570 (ISBN 972-32-1193-9)

MOURÃO, Helena – *Autoria e Execução Comparticipadas*, Coimbra, Almedina, 2014 (ISBN 978-972-40-5439-1)

—— *Da Instigação em Cadeia: Contributo para a Dogmática das Formas de Comparticipação na Instigação*, Coimbra, Coimbra Editora, 2006 (ISBN 978-972-32-1444-4)

—— *Alguns Problemas de Comparticipação Criminosa no Direito Penal Secundário: Estudo sobre a projecção das estruturas empresariais na conformação dogmática da autoria mediata*, Lisboa, FDUL, setembro de 2002, Relatório de Mestrado (n.p.)

MUCCIARELLI, Francesco – "Il Locus Commissi Delicti Della Manipolazione di Mercato", *in Diritto penale contemporâneo*, 2014 Cita-se o texto disponível em *http://www.penalecontemporaneo.it*

—— "Gli illeciti di abusi di mercato, la responsabilità dell'ente e l'informazione", *in Rivista trimestrale di diritto penale* dell›economia, n.º 4, 2008, p. 823-861

—— *Speculazione Mobiliare e Diritto Penale*, Milão, Giuffrè, Milão, 1995 (ISBN 88-14-05430)

NAPOLEONI, Valerio – *I reati societari: Falsità nelle comunicazioni sociali e aggiotaggio societario: Vol.III*, Milão, Giuffrè Editore, 1996 (ISBN 88-14-06005-3)

NEUMAN, Nicole B. – "A "Sarbanes-Oxley" for Credit Rating Agencies?: A Comparison of the Roles Auditors' and Credit Rating Agencies' Conflicts of Interests Played in Recent Financial Crises", *in University of Pennsylvania Journal of Business Law*, vol. 12, n.º 3, 2010, p. 921-946. Cita-se o texto disponível em *http://www.scholarship.law.upenn.edu*

ORDIEG, Enrique Gimernat – "Omision impropia e incremento del riesgo en el Derecho penal de empresa", *in Anuario de derecho penal y ciencias penales*, Tomo 54, Fasc. 1, 2001, p. 5-26

—— "?las exigencias domgmáticas fundamentales hasta ahora vigentes de una parte general son idóneas para satisfacer la actual situación de la criminalidad, de la medición de la pena y del sistema de sanciones?: Responsabilidad por el produto, accesoriedad administrativa del derecho penal y decisiones colegiadas", *in Anuario de derecho penal y ciencias penales*, Tomo 52, Fasc. 1-3, 1999, p. 51-72

—— "La omisión impropria en la dogmática penal alemana: Una exposición", *in Anuario de derecho penal y ciencias penales*, Tomo 50, Fasc. 1-3 1997, p. 5-112

PARTNOY, Frank – "Rethinking Regulation of Credit Rating Agencies: An Institutional Investor Perspective", *in Univesity of San Diego Legal Studies Research*

Paper Series, n.º 09-014, julho de 2009. Cita-se o texto disponível em *http://www.papers.ssrn.com*

—— "Overdependence on Credit Ratings was a Primary Cause of the Crisis", *in Univesity of San Diego Legal Studies Research Paper Series*, n.º 09-015, julho de 2009. Cita-se o texto disponível em *http://www.papers.ssrn.com*

—— "How and Why Credit Rating Agencies are Not Like Other Gatekeepers", *in Univesity of San Diego Legal Studies Research Paper Series*, n.º 07-46, maio de 2006. Cita-se o texto disponível em *http://www.papers.ssrn.com*

—— "Barbarians at the Gatekeepers?: A Proposal for a Modifed Strict Liability Regime", *in Wahsington University Law Reviw*, vol. 79, n.º 2, janeiro de 2001. Cita-se o texto disponível em *http://www.papers.ssrn.com*

—— "The Paradox of Credit Rating", *in University of San Diego Law & Economics Research Paper*, n.º 20, 2001. Cita-se o texto disponível em *http://www.papers.ssrn.com*

—— "The Siskel and Ebert of Financial Markets?: Two Thumbs Down for the Credit rating agencies", *in Washington Universtity Law Quarterly*, vol. 77, n.º 3, 1999, p. 636 e ss. Cita-se o texto disponível em *http://www.papers.ssrn.com*

PEREIRA, Francisco Reigada – *As agências de Rating e o seu Cavalo de Tróia: o rating enquanto* vítima do seu próprio sucesso, Lisboa, FDUL, 15 de setembro de 2010, Relatório da disciplina de Direito Financeiro (n.p.)

PEREIRA, Rui Carlos – *O Dolo de Perigo: contribuição para a dogmática da imputação subjectiva nos crimes de perigo concreto*, Lisboa, Lex, 1995 (ISBN 972-9495-43-2)

PIANESI, Luigi – "Le Agenzie di rating tra privatizzazione di funzione pubbliche e opinioni private "geneticamente modificate"", *in Rivista Trimestrale di Diritto Publico*, n.º 1, 2011, p. 179-213

PICCIAU, Chiara – *La responsabilità delle Agenzie di Rating per Diffusione di giudizi insensate sul mercato finanziario*, Milão, Univesrità degli Studi di Milano, 2013/2014, Tese de Doutoramento. Cita-se o texto disponível em *http://www.dpsd.unimi.it*

PINA, Cláudia Verdial – "Crime de manipulação do mercado: elementos típicos e recolha de prova", *in Julgar*, n.º 17, 2012

PINTO, Arthur R. – "Control and Responsibility of Credit Rating Agencies in the United States", *in Brooklyn Law School Legal Studies Research Paper*, n.º 119, outubro de 2008. Cita-se o texto disponível em *http://www.papers.ssrn.com*

PINTO, Frederico de Lacerda da Costa – "O Novo Regime Europeu do Abuso do Mercado e Adaptação do Sistema Sancionatório Nacional", *in* (Coord:) Câmara, Paulo *et. al.*, *O Novo Direito dos Valores Mobiliários: I Congresso sobre Valores Mobiliários e Mercados Financeiros*, Coimbra, Almedina, dezembro de 2017, p. 33 a 42

—— *Imputação pessoal e actuação através de entes colectivos*, Lisboa, FDUNL, 13 de maio de 2016, Apresentação na unidade curricular de Direito Penal Económico (n.p.). Cita-se o texto disponível em *http://www.fd.unl.pt*

—— *Manipulação do mercado: âmbito material e prova judicial*, Lisboa, IDPCC, fevereiro de 2014, Apresentação no IDPCC (n.p.)

—— *A Categoria da Punibilidade na Teoria do Crime: Tomos I e II*, Coimbra, Almedina, 2013 (ISBN 978-972-40-5161-1 / 978-972-40-5379-0)

—— "Ilícito e punibilidade da participação em rixa", *in* (Org:) ANDRADE, Manuel da Costa Andrade, AA.VV., *Liber Disciplorum para Jorge de Figueiredo Dias*, Coimbra, Coimbra Editora, agosto de 2003, p. 869-900 (ISBN 972-32-1193-9)

—— *O Novo Regime dos Crimes e Contra-Ordenações no Código dos Valores Mobiliários*, Coimbra, Almedina, maio de 2000 (ISBN 972-40-1351-0)

—— "A Tutela dos Mercados de Valores Mobiliários e o Regime do Ilícito de Mera Ordenação Social", *in* (Org:) ALMEIDA, Carlos Ferreira de, AA.VV, *Direito dos Valores Mobiliários: Vol I*, Coimbra: Coimbra Editora, 1999 (ISBN 972-32-0907-1)

—— "O ilícito de mera ordenação social e a erosão do princípio da subsidiariedade da intervenção penal", *in* AA.VV., *Direito Penal Económico e Europeu: Textos doutrinários: Problemas gerais: Vol. I*, Coimbra, Coimbra Editora, 1998, p. 209-274 (ISBN 972-32-0837-7)

—— "O Direito de Informar e os Crimes de Mercado", *in Cadernos do Mercado de Valores Mobiliários*, Lisboa, CMVM, Primeiro Semestre, n.º 2, 1998, p. 97-109

—— *A relevância da desistência em situações de comparticipação: Um estudo sobre a validade e limites da solução consagrada no atigo 25º do Código Penal de 1982*, Coimbra, Almedina, 1992 (ISBN 972-40-0676-X)

PITARRESI, Valeria – *Agenzie di rating, mercati finanziari e modelli di responsabilità*, Madrid, Universitá degli Studi di Palermo em co-tutuela com Facultad de Derecho, Universidad Autónoma de Madrid, 2010/2011, Tese de Doutoramento. Cita-se o texto disponível em *https://repositorio.uam.es*

PLANAS, Ricardo Robles – *Estudios de Dogmática Jurídico-Penal – Fundamentos, Teoría del Delito y Derecho Penal Económico*, Buenos Aires, Editorial Ibdef, 2014

PUIG, Santiago Mir – *Derecho penal: parte general*, 5.ª Ed., Barcelona, Reppertor, 1998 (ISBN 84-605-8027)

RODRIGUES, Anabela Miranda – "Anotações ao art. 279.º", *in* (Dir.:) DIAS, Jorge de Figueiredo et. al., AA.VV, *Comentário Conimbricense do Código Penal: Parte Especial: Tomo II: artigos 202.º* a 307.º, Coimbra, Coimbra Editora, 1999, p. 944-978 (ISBN 972-32-0855-5)

RODRIGUES, Marta Felino – *As incriminações de perigo e o juízo de perigo no crime de perigo concreto: necessidade de precisões conceptuais*, Coimbra, Almedina, 2010 (ISBN 978-972-40-4254-1)

ROTSCH, Thomas – *Individuelle Haftung in Großunternehmen-Plädoyer für den Rückzug des Umweltstrafrechts*, Kiel, 1997, Dissertação de Doutoramento

—— *Criminal Compliance*, Barcelona, InDret, 1/2012, janeiro de 2012. Cita-se o texto disponível em *http://www.indret.com*

ROXIN, Claus – *Derecho Penal: Parte General: Tomo II: Especiales formas de aparición del delito*, (Trad. da 1ª ed. alemã da *Strafrecht Allgemeiner Teil, Band I: Besondere Erscheinungsformen der Strafat* (2003) por PEÑA, Diego-Manuel Luzon, et. al.), Madrid, CIVITAS Ediciones / Thomson Reuters, 2014 (ISBN 978-84-470-5026-0)

—— "Direccion de la organización como autoria mediata", *in Anuario de derecho penal y ciencias penales*, Tomo 62, fasc. 1, 2009, p. 51-65

—— "El dominio de organización como forma independiente de autoría mediata", *in Revista Penal*, n.º 18, julho 2006, p. 242-248

—— *Autoría y domínio del hecho en derecho penal* (Trad. da 7.ª Ed. alemã da *Täterschaft und Tatherrschaft* (1999) por CONTRERAS, Joaquín Cuello e MURILLO, Luis Serrano Gonzáles), Madrid/Barcelona, Marcial Pons, 2000 (ISBN 84-7248-794-6)

SABATINO, Michel – "The Business Model of Rating Agencies between Asymmetric Information and Financial Crises", *in Journal of Economics and Development Studies*, vol. 2, n.º 4, dezembro de 2014, p. 165-183. Cita-se o texto disponível em *http://jedsnet.com*

SAMORÌ, Samuel – "L'Aggiotaggio nelle società comerciali", *in* (Dir.:) AMATO, Asolfo di (a cura di:) Mazzacuva, Nicola, *Trattato di diritto penale dell'impresa: Vol II: i reati societari*, Pádua, CEDAM, 1992 (ISBN 88-13-17446-2)

SÁNCHEZ, Juan Antonio Lascuraín – "Fundamento y límites del deber de garantía del empresario", *in* AA.VV., *Hacia un Derecho Penal Económico Europeo: Jornadas en honor del Professor Klaus Tiedemann*, Madrid, Boletin Oficial del Estado, 1995, p.209-227. ISBN 84-340-0697-9

SÁNCHEZ, Bernardo Feijoo – "Autoria e participação em organizações empresariais complexas", *in* (Coord.:) PALMA, Maria Fernanda; DIAS, Augusto Silva e MENDES, Paulo de Sousa, *Direito penal económico e financeiro: Conferências do curso pós-graudado de aperfeiçoamento*, Coimbra, Coimbra Editora, agosto de 2012, p. 123-162. (trad.: RAMOS, Vânia Costa) (ISBN 978-972-32-2073-5)

SANDRO, Francesco Di – *Funzione del rating ed efficienza del mercato dei capitali: Analisi, giustificazione economica e prospettive di miglioramento dell'attività di risk assessment*, Roma, LUISS, 2010, Tese de Doutoramento. Cita-se o texto disponível em *http://www.eprints.luiss.it*

SANTOS, Delfim Vidal dos – *As agências de notação de risco e a crise financeira planetária*, Lisboa, FDUL, 2012. Dissertação de Mestrado (n.p.)

SANTOS, Hugo Moredo – "A Notação de Risco e os Conflitos de Interesses", *in* CÂMARA, Paulo Câmara et. al., *Conflito de Interesses no Direito Societário e Financeiro: Um Balanço a partir da Crise Financeira*, Coimbra, Almedina, janeiro de 2010, (ISBN 978-972-40-4078-3), p. 470-563

SASHORE, Aarushi – "Case Note - ABN Amro Bank NV v Bathurst Regional Council: Credit Rating Agencies and Liability to Investors", *in Sydney Law Review*, vol. 37, n.º 437, 2015. Cita-se o texto disponível em *https://www.sydney.edu.au*

SCHWARCZ, Steven L. – "Private Ordering of Public Markets: the rating agency paradox", *in Univesity of Illinois Law Review*, n.º 1, fevereiro de 2002. Cita-se o texto disponível em *http://www.scholarship.law.duke.edu*

SCHÜNEMANN, Bernd – "Sobre la regulación de los delitos de omisión impropria en los eurodelitos", *in* (Coord.:) ZAPATERO, Luis Arroyo; TIEDMANN, Klaus, MARTÍN, Adán Nieto, *Eurodelitos*, México, Instituto Nacional de Ciencias Penales, 2006. p. 33 e ss (ISBN 970-768-036-9)

—— "Responsabilidad penal en el marco de la empresa: dificultades relativas a la individualización de la imputación", *in Anuario de derecho penal y ciencias penales*, Tomo 55, Fasc. 2, 2002, p. 9-38

—— "Cuestiones básicas de dogmática jurídico-penal y de política criminal acerca de la criminalidad de empresa", *in Anuario de derecho penal y ciencias penales*, Tomo 41, Fasc. 2, 1988, p. 529-558

SERRA, Teresa – "A autoria mediata através do domínio de um aparelho organizado de poder", *in Revista Portuguesa de Ciência Criminal*, Ano 5, 1995, p. 303-327

SGUBI, Filippo – "L'ilicito penale di manipolazione del mercato", *in* SGUBBI, Filippo; FONDAROLI, Désirée e TRIPODI, Andrea Francesco, *Diritto penale del maercato finanziario: abuso di informazioni privilegiate, manipolazione del mercato, ostacolo alle funzioni di vigilanza della Consob, falso in prospetto: lezioni*, Milão, CEDAM, 2008 (ISBN 978-88-13-28204)

—— "Il risparmio como oggeto di tutela penale", *in Il Foro Ftaliano*, vol.CXXVII , parte 4-5, 2004

SILVA, Isabel Marques da – *Responsabilidade Fiscal Penal Cumulativa das sociedades e dos seus administradores e representantes*, Lisboa, Universidade Católica Editora, Lisboa, 2000 (ISBN 9789725400142)

SILVA, João Calvão da – *Titularização de créditos: Securatization: No coração da crise financeira global*, 3.ª Ed., Coimbra, Almedina, 2013 (ISBN 978-972-40-5385)

SILVA, João Gomes da – "O crime de manipulação de mercado. Direito e Justiça", *in Revista da Faculdade de Direito da Universidade Católica Portuguesa*, Vol. XIV, Tomo I, 2009, p.193-245

SILVA, Germano Marques da – *Responsabilidade penal das sociedades e dos seus administradores e representantes*, Lisboa/São Paulo, Editorial Verbo, 2009 (ISBN 978-972-22-2883-1)

SIMÕES, Frederico Machado – "Manipulação do Mercado e Princípio da Legalidade", *in Anatomia do Crime*, n.º 5, janeiro-junho de 2017, Coimbra, Almedina, p. 145 a 157

SKEEL, David A. e PARTNOY, Frank – "The promise and perils of credit derivatives", *in University of Cincinnati Law Review*, vol. 75, 2007, p. 1019-1051. Cita-se o texto disponível em *http://www.papers.ssrn.com*

SKRETA, Vasiliki e VELDKAMP, Laura – "Ratings Shopping and Asset Complexity: A Theory of Ratings Inflation", *in* National Bureau of Economic Research

(NBER) Working Paper Series, n.º 14761, fevereiro de 2009. Cita-se o texto disponível em *http://www.nber.org*

SYLLA, Richard – *A Historical Primer on Business of Credit Rating*, Washington DC, março de 2001, Texto preparado para a conferência "The Role of Credit Reporting Systems in the International Economy", The World Bank. Cita-se o texto disponível em *http://www.etcases.com*

TAVARES, Hugo de Matos – "Entre coautoria e cumplicidade: contributos para a análise do "vigia" do facto criminoso na jurisprudência portuguesa", *in* (Coord:) BELEZA, Teresa Pizzaro e PINTO, Frederico de Lacerda da Costa, *Comparticipação, Pessoas Coletivas e Responsabilidade: 11 estudos de direito penal e direito de mera ordenação social*, Coimbra, Almedina, 2015, p. 293-332 (ISBN 978-972-40-6069-9)

TIEDMANN, Klaus – "La regulación de la autoría y la participación en el Derecho Penal europeo: Estado de la cuestión, tendencias de armonización y propuestas de modelo", *in Revista Penal*, n.º 5, 2000, p. 90-98

TROISI, Angela – *Il Ruolo dele Agenzie di Rating nel Mercato Finanziario*, Roma, LUISS, 2014, Tese de Doutoramento. . Cita-se o texto disponível em *http://eprints.luiss.it*

UTZIG, Seigfreid – "The Financial Crisis and the Regulation of Credit Rating Agencies: A European Banking Perspective", *in Asian Development Bank Institute (ADBI) Working Paper Series*, n.º 188, janeiro de 2010. Cita-se o texto disponível em *https://core.ac.uk*

VALDÁGUA, Maria da Conceição S. – *Início da Tentativa do Coautor: contributo para a teoria da imputação do facto na co-autoria*, Lisboa, Lex, 1993 (ISBN 972-9495-11-4)

VASQUES, Sérgio – *A Manipulação do Mercado de Valores Mobiliários*, Valadares, APDMC, 1998 (ISBN 972-8187-06-8)

VEIGA, Alexandre Brandão da – *Crime de Manipulação, Defesa e Criação de Mercado*, Coimbra, Almedina, dezembro de 2001 (ISBN 972-40-1594-7)

VERDELHO, Pedro – *In* (Org:) ALBUQUERQUE, Paulo Pinto de e BRANCO, José, *Comentário das Leis Penais Extravagantes: Vol. 2*, Lisboa, Universidade Católica Editora, 2011

VIANA, João Matos – *Autoria na criminalidade de empresa*, Lisboa, FDUL, 2007, Dissertação de Mestrado (n.p.)

VICARIO, Michele Alessandro del – *Il ruolo del rating nella crisi della finanza strutturata: ragioni e impli*cazioni, Roma, LUISS, Tese de Bacharelato. Cita-se o texto disponível em *http://www.tesi.eprints.luiss.it*

VICENTE, Diana Paraíso – "Instigação e coautoria: casos de fronteira", *in* (Coord:) BELEZA, Teresa Pizzaro e PINTO, Frederico de Lacerda da Costa, *Comparticipação, Pessoas Coletivas e Responsabilidade: 11 estudos de direito penal e direito de mera ordenação social*, Coimbra, Almedina, 2015, p. 263-292 (ISBN 978-972-40-6069-9)

VILALONGA, José Manuel – "Acção e omissão", *in* (Coord:) PALMA, Maria Fernanda; ALMEIDA, Carlota Pizarro e VILALONGA, José Manuel, *Casos e*

Materiais de Direito Penal, 2.ª Ed, Coimbra, Almedina, fevereiro de 2002 (ISBN 972-40-1640-490)

VIZZARDI, Matteo – "Manipulazione del Mercato: un "doppio binario" da ripensare?", *in Rivista Italiana di Diritto e Procedura Penale*, Fasc. 2, 2006